W0046902

Ingrid Jope

MIT DEM Papst NACH Bullerbü

Von Mamastress und Maxiglück

BRUNNEN
Verlag GmbH · Giessen

© 2016 Brunnen Verlag Gießen
Umschlagfoto: Fotolia/Westend61
Umschlaggestaltung: Daniela Sprenger
Satz: DTP Brunnen
Herstellung: GGP Media GmbH, Pößneck
ISBN Buch 978-3-7655-0942-1
ISBN E-Book 978-3-7655-7396-5

www.brunnen-verlag.de

Inhalt

Einleitung

An einem herrlich klaren Januarmorgen traten wir vor die Haustür. Klirrende Kälte ließ die über Wiesen und Vorgärten verstreuten Schneereste glitzern. Unser Atem verwandelte sich im Nu in kleine verspielte Wolken. Neben mir stapfte in seinem Schneeanzug und einem dicken Schal unser Jüngster. Er freute sich auf den Kindergarten. Auf den bergigen Teil unseres Fußweges dorthin hätte er dagegen liebend gern verzichtet.

Gemeinsam bewältigten wir den steilsten Anstieg, stiegen eine Treppe hoch und schon lag nur noch eine Hügelkuppe vor uns. Als es wieder bergab ging, erblickte ich als leuchtend orangen Streifen über einem Hausdach am Horizont die ersten Anzeichen der aufgehenden Sonne. Begeistert sagte ich zu Joshua: „Schau mal, die Sonne, wie wunderschön!" Unser Sohn blieb andächtig neben mir stehen. Nach einer Schweigeminute meinte er: „Welche Sonne?"

Ich begab mich auf seine Augenhöhe und stellte fest: Aus diesem Blickwinkel war tatsächlich keine Spur Orange zu erblicken. Also hob ich ihn hoch. „Toll!", staunte er da mit angeleuchtetem Gesicht und freute sich wie ein kleiner Schneekönig über den fantastischen Ausblick. Alle Mühen des ungeliebten Fußweges waren vergessen.

Siebenunddreißig Episoden voll prallen Familienlebens habe ich festgehalten – mitten aus dem Alltag für den Alltag geschrieben und mit MutMachGedanken garniert. Ich selbst stecke mitten in kunterbuntem Kindertrubel – ein paar Jahre als Vollzeitmama und seit einiger Zeit als teilzeitberufstätige Multitasking-Mutter. Ich kenne die glitzernden Momente, die uns als Mamas und Papas vor Staunen den Atem anhalten lassen. Mir sind auch die „bergigen" Wegabschnitte vertraut, die Eltern ins Schwitzen und Stöhnen kommen lassen. Ich kenne Bergkuppen, die nie zu enden scheinen, weil jede Herausforderung, sobald sie bestanden ist, „Junge" zu kriegen scheint.

Und gerade weil ich weiß, wie oft man vor lauter Erwartungen und Bedürfnissen um sich herum nur noch den Grauschleier sieht und nicht mehr die Sonne, möchte ich Sie mit meinen kurzen Erzählungen „hochheben" – heraus aus dem Schatten, in dem man das Strahlen der

Sonne nicht mehr sehen kann. Ich lade Sie ein, den leuchtenden Streifen am Horizont zu entdecken, über kuriose Auswüchse des Elternseins zu lachen, das Glück zu begreifen und mitten in all diesen Turbulenzen Kraft und Halt dort zu suchen, wo sie wirklich zu finden sind: beim himmlischen Vater, dem genialen Erfinder von Eltern und Kindern. Von ihm und mit ihm können wir lernen: Familie ist Herausforderung ohne Ende. Aber sie macht auch glücklich ohne Ende.

Strampeln statt sitzen

„Oh, ich hab den Fahrradkindersitz gar nicht ins Auto gepackt!" Augenzwinkernd spielt Papa Erschrecken. Unser vierjähriger Steppke springt darauf an. Er stemmt die Hände in die Hüfte und protestiert entrüstet: „Ich brauch doch keinen Kindersitz mehr! Ich kann doch Fahrrad fahren!" Es ist unsere erste Familientour, bei der ausnahmslos jeder auf seinem eigenen Rad sitzt. Helme aufgesetzt, Schuhe noch mal zugebunden, Sonnencreme auf Nacken und Nase, für jeden einen Schluck aus der Flasche und dann unter fröhlichem Klingeln runter vom Parkplatz und rauf auf den Radweg. Papa macht den Anfang. Dahinter radelt die große Schwester und direkt vor mir der kleine Bruder, der sich gar nicht mehr klein fühlt. Er strampelt in eindrücklicher Trittfrequenz mit seinen kurzen Beinchen auf dem Puky-Rad, das er seit Kurzem sein eigen nennt. Über seinem Kopf flattert die unverzichtbare Piratenfahne im Fahrtwind. Sein Gesichtsausdruck bewegt sich zwischen purem Glück, Anstrengung und „ich bin groß und wichtig". Vielen Radfahrern, die uns entgegenkommen, huscht ein Schmunzeln übers Gesicht. Manch einer muss auch abrupt abbremsen, weil Joshua beim Anblick irgendeiner (nach seinem Ermessen) unmöglich zu verpassenden Sehenswürdigkeit seinen Lenker nach links zieht. Auch ich tue gut daran, meine Hände bremsbereit zu halten. Als wir an einer historischen Grubenbahn vorbeifahren, bemerkt unsere Große: „Schau mal, eine Dampflok!" Im nächsten Moment bleibt das Piratenfahrrad mit fast quietschenden Reifen stehen und der Eisenbahnfan darauf stellt richtig: „Das ist doch eine Diesellok!" Erst dann kann er wieder in die Pedale treten.

Dank und ein bisschen auch trotz zahlreicher Ermahnungs- und Warnrufe – „Vorsicht!" – „Bleib rechts!" – „Achtung, ein Radfahrer von vorn!" – wird die Tour ein voller Erfolg. Fünfzehn Kilometer haben wir am Ende geschafft. Das wird mit Spielplatz und Eis belohnt.

Der Mann, den ich liebe, schaut mich glücklich an. Ja, es ist fantastisch: Gefühlt vor Kurzem war Joshua noch unser Baby und jetzt ist unser Kerlchen schon ein leidenschaftlicher Radfahrer. Wir haben auch die Touren mit Kindersitz genossen, zu dritt und später zu viert. Aber es fühlt sich einfach noch besser an, wenn die lieben Kleinen groß werden.

Das ist die Grundfreude beim Erziehen: dass die Kinder wachsen und selbstständig werden und uns immer weniger bei alltäglichen Verrichtungen brauchen. Das meiste lernen Kinder ganz von selbst, weil ihnen der Wunsch zu wachsen eingepflanzt ist. An anderen Punkten brauchen sie schon mal einen „Stups aus dem Nest". Unsere Kinder haben den z. B. gebraucht, als es darum ging, auf den Schnuller zu verzichten. Manchmal fällt es aber auch uns Eltern schwer, loszulassen. Unsere Tochter war schon einige Wochen in der ersten Klasse, als sie darauf bestand, ihren Schulweg ab sofort allein zu bewältigen. Ich musste ganz schön schlucken. Aber sie hat es geschafft und ich war stolz auf sie. Offensichtlich brauchen auch wir Eltern hin und wieder einen „Stups", um unseren Kindern den nächsten Schritt zur Ablösung und zum Großwerden zu erlauben. Schließlich ist es auf lange Sicht die Aufgabe von Eltern, sich überflüssig zu machen.

Kabarettreif

„Heute ist wie Kabarett", schießt es mir zwischen überkochendem Soßentopf und schriller Haustürklingel durch den Kopf. Der Vormittag hat mit der Herausforderung begonnen, meinen Sohn zu früher Stunde davon zu überzeugen, dass er eine Urinprobe abliefern soll. Beim Kinderarzt angekommen zeigt er sich von einer kaum gekannten schüchternen Seite und ist so unkooperativ wie nie. Richtig aktiv wird er erst, als er die Wartezeit in der Apotheke dazu nutzt, die Schaufensterdeko aufzumischen.

Zu Hause angekommen schicke ich ihn bei

strahlendem Sonnenschein in den Garten. Sandkasten und Schaufel werden mir, so hoffe ich, eine Verschnaufpause verschaffen. Inzwischen will ich ein paar Telefonate erledigen, Wäsche aufhängen und Mittagessen kochen.

Noch bevor ich den ersten Anruf erfolgreich beendet habe, werde ich von der Türklingel und einem dringenden Bedürfnis meines Sohnes, das nach dem Auflegen doch nicht mehr so dringend ist, unterbrochen. Außerdem hat er sowieso keine Lust, im Sand zu spielen, er rennt viel lieber durch den Garten und wischt bei der Gelegenheit seine von nassem Gras und Sand klebrigen Hände an der Bettwäsche ab, die mittlerweile auf der Wäschespinne im Wind flattert. Während ich einen weiteren Anruf wage, kommt die große Schwester nach Hause. Ihrer Frage „Was gibt's zu essen?" schiebt sie ein langes Gesicht hinterher. Drängend fordert sie Hilfe bei den Hausaufgaben ein. Der kleine Bruder löst mit seiner Frage, ob er den CD-Player seiner Schwester ausborgen darf, ein kleines Zickentheater aus. Ich ignoriere den Konflikt, setze Nudelwasser auf und den Brotteig an. Während ich Salat wasche und die Mehlschwitze im Topf schmort, hält meine Tochter mir ihre Deutschhausaufgaben unter die Nase. Der Vorschlag, bis nach dem Essen zu warten, wird hysterisch zurückgewiesen. Sie verschwindet mit Türenknallen in ihrem Zimmer.

Eine halbe Stunde später haben wir uns über den Hausgabenzeitpunkt geeinigt und das Essen ohne Meckern (mal abgesehen vom aussortierten Zitronenthymian in der Zitronensoße) hinter uns gebracht. Als ich gerade die Hände im Spülwasser versenkt habe, ruft die Mutter einer Klassenkameradin meiner Tochter an. Mit dem Telefon muss ich mich ins Hinterzimmer verziehen, damit ich trotz der herumalbernden Kinder mein Gegenüber verstehe. Die Verabredung für nachmittags ist unter Dach und Fach – jetzt trennt mich nur noch der unfertige Brotteig von meiner Mittagspause. Kaum habe ich angefangen, mit beiden Händen Mehl und lauwarmes Wasser zusammenzukneten, ertönt der Ruf des Dreijährigen vom stillen Örtchen. Er braucht Hilfe beim Abwischen. Als die Brote zum Gehen im Backofen stehen, sinke ich auf den Küchenstuhl und gönne mir erst mal einen Kaffee. Dieser Vormittag hatte es in sich. Und er ist bei Weitem nicht der Einzige seiner Art. Als ich abends am Familientisch davon erzähle, können wir gemeinsam darüber lachen.

Aber nicht immer ist mir am Abend eines turbulenten Tages zum Lachen zumute. Manchmal fühle ich mich beim Rückblick auf meinen Tag einfach nur erschöpft und ungenügend – weil ich die Kinder angebrüllt habe, weil ich ungeduldig und ungehalten war, weil ich ihrem Bedürfnis nach Aufmerksamkeit und Zuwendung nicht gerecht geworden bin. Dann komme ich bedürftig zu Gott und sehne mich nach Zuspruch aus der Bibel: *„Barmherzig und gnädig ist der Herr, groß ist seine Geduld und grenzenlos seine Liebe! So fern, wie der Osten vom Westen liegt, so weit wirft Gott unsere Schuld von uns fort! Wie ein Vater seine Kinder liebt, so liebt der Herr alle, die ihn ehren."* (Psalm 103,8.12.13)

So barmherzig und liebevoll sieht der himmlische Vater uns an. Gerade wenn wir als Eltern an unsere Grenzen kommen, dürfen wir uns an ihn wenden. Wir dürfen ihn um Vergebung bitten. Und er will uns Kraft und Nerven und Liebe für den nächsten Tag mit unseren Kindern schenken. Dass Gottes Gnade uns auffängt, wenn wir selbst scheitern, macht uns im besten Fall barmherzig, wenn unsere Kinder uns mit ihrem anstrengenden Verhalten manchmal zusetzen. Weil Gott uns so sehr liebt, können auch wir unseren Kindern immer wieder einen Neuanfang zugestehen. Und auch von Gottes Humor können wir uns anstecken lassen. Den muss er wohl haben, wenn man bedenkt, mit welchen originellen kleinen und großen Persönlichkeiten er seine Geschichte und manchmal sogar Familienkabarett schreibt.

Selbstwert Eins plus

Die Spannung steigt. Heute kommt unsere Große mit der ersten Schulnote ihres Lebens nach Hause. Unverzüglich präsentiert sie mir das Heft mit der schicksalsschweren Seite: Da steht eine Drei plus. Meine Tochter strahlt mich an. Auch ein wenig Unsicherheit und zaghaftes Fragen erahne ich in ihrem Blick.

Gemeinsam schauen wir die Klassenarbeit durch und finden schnell die Aufgabe, bei der sie am meisten Punkte gelassen hat. Hier lohnt es sich also, noch mal zu erklären und zu üben. Dann runzelt Anna die Stirn: „Judith hat auch eine Drei und sie hat sehr geweint. Theo hat eine Zwei. Und Carina eine Eins."

Mich streift im Vorüberflug der Gedanke: „Eine Zwei wäre schön gewesen." Dann entscheide ich mich: Ich bin stolz auf meine Tochter. Erstens, weil ich weiß, wie schwer ihr das erste Schuljahr gefallen ist. Noch vor einem Jahr hat sie weniger als die Hälfte der Aufgaben verstanden. Und zweitens, weil sie mit einer Drei aufrecht nach Hause kommt. Sie hat verstanden, dass es gemessen an ihrem nicht idealen Schulstart eine gute Zensur ist. Deshalb freut sie sich, ohne zu vergessen, dass da noch Luft nach oben ist.

Je mehr ich darüber nachdenke, umso deutlicher wird mir bewusst: Vielleicht ist es eine wichtigere Kompetenz, mit einer Drei klarzukommen, als sofort beim ersten Versuch eine Musterzensur nach Hause zu tragen. Hätte sie eine Eins geschrieben, wünschte ich mir, dass sie Mitschüler mit schlechteren Noten nicht belächelt oder geringschätzt. Ich wünschte mir, dass sie nicht erwartet, es werde immer so glatt laufen. Das Leben verteilt nun einmal mehr Dreier- als Einserzensuren. Und mir wäre wichtig, ihr zu vermitteln: Eine gute Schulnote macht dich nicht zu einem wertvolleren Menschen. Wertvoll bist du völlig unabhängig von deiner Leistung. Also sage ich: „Wie gut, dass du nicht geweint hast. Eine Drei ist nicht supergut, aber sie ist okay. Und Noten sind dafür da, damit du siehst, was du schon kannst und was du noch nicht ganz verstanden hast. Jetzt weißt du, an welcher Stelle du noch etwas zu lernen hast."

Und wie ist das mit uns Mamas und Papas? Hat unser Selbstverständnis als gute Eltern auch ein klein wenig mit den Noten unserer Kinder zu tun? Fühlen wir uns wertvoller als Mutter einer Einser-Schülerin als eines Dreier-schülers? Dann will Gott uns daran erinnern, was im Leben wirklich zählt. Mit den Worten der Seelsorgerin Sabine Naegeli klingt das so:

> „Wer du auch immer sein magst
> in deinen Augen
> und in den Augen anderer Menschen:
> Gott sieht dich an,
> darum bist du zuallererst
> ein an-gesehener Mensch."[1]

Um es in Zensuren-Sprache zu sagen: Gott schreibt uns ein „Sehr gut!" ins Zeugnis. Nicht für unsere Leistung, sondern für uns als Person, für unsere Einzigartigkeit. Nicht, dass wir nichts mehr zu lernen hätten – im Gegenteil. Während unsere Kinder beim Großwerden das

Leben erlernen, sind auch wir Eltern intensiv gefordert, an unseren Erziehungsaufgaben zu wachsen. Aber wir sind immer schon mit liebendem Blick angesehen. Wir sind wertgeschätzt und wahrgenommen, längst bevor wir Großes erreicht haben. Wir sind geliebt und geachtet, unabhängig davon, welche Noten uns das Leben gibt. Und erst recht unabhängig davon, ob unsere Kinder als Musterschüler glänzen oder einen eher holperigen schulischen Werdegang gehen.

Selber groß

Von einem haben unsere beiden Kinder keinesfalls zu wenig mitbekommen: Temperament. Ihr lebhaftes Wesen macht den Familienalltag oft wuselig und wild. Da müssen auch Eltern einige Selbstschutzmaßnahmen ergreifen. Seit der Mittagsschlaf abgeschafft ist, haben wir deshalb eine Mittagspause eingeführt. Jedes der Kinder spielt (relativ) ruhig in seinem Zimmer, während ich mal in Ruhe durchatmen oder ausgefallenen Nachtschlaf nachholen kann.

Auch heute ist gerade Zeit für die Mittagsruhe, aber es gibt ein Problem. Im Laufe des Vormittags ist das prächtige Bahnhofsgebäude aus Lego-Duplo-Steinen einem familieninternen „Erdbeben" zum Opfer gefallen. Joshua (3) ist total unglücklich. Seine große Schwester verspricht ihm, einen noch schöneren Bahnhof mit ihm zu bauen – allerdings erst nach den Hausaufgaben.

Als ich Joshua in die Mittagspause schicke, ist er ziemlich unglücklich. Nur widerwillig schließt er die Zimmertür hinter sich. Dahinter höre ich ihn schimpfen: „Will wieder ein Bahnhof!" Ich lege mich aufs Sofa, um dem Schlafmangel der hustenbedingt schlechten Nacht zu Leibe zu rücken. Aber an Schlafen ist nicht zu denken. Eine Etage höher schimpft mein Sohn wie ein Rohrspatz.

Hätte ich mich vielleicht doch besser vor der Mittagspause erbarmen und schnell einen neuen Bahnhof bauen sollen? Da lässt das Schimpfen nach und noch im Eindösen höre ich Lego-Steine klackern. Als ich nach der Pause an die Kinderzimmertür klopfe, wird sie von einem strahlenden Kerlchen geöffnet: „Kuck mal, hab ein Bahnhof baut!" Ich bin begeistert. Der kleine Baumeister ist stolz wie Oskar. Auch die große

Schwester findet anerkennende Worte. Wie gut, denke ich mir, dass ich ihm nicht vorher schnell ein neues Haus gebaut habe. So hat er es selbst geschafft und ist durch das Erfolgserlebnis gefühlte zehn Zentimeter gewachsen.

Es gehört zum Lernstoff für uns Eltern: dass wir unseren Kindern zumuten, unglücklich zu sein, bis sie selbst einen Ausweg gefunden haben. Jede Lösung, die ein Kind *selbst* gefunden hat, jede Leistung, die es *selbst* erbracht hat, ist wertvoller als alles, was die Erwachsenen schnell mal eben oder perfektionistisch *für* das Kind machen. Wenn ich bewusst *nicht* die Kohlen für sie aus dem Feuer hole, kann das ihre Kreativität locken und ihre Fähigkeit, Probleme eigenständig zu bewältigen, wachsen lassen. Wenn ich zu schnell eingreife, raube ich ihnen manches Erfolgserlebnis.

Was mich dabei entspannt aufatmen lässt: Meine Kinder zu fördern, ist oft damit verbunden, dass ich als Mutter eine Extraleistung vollbringe. Zum Beispiel indem ich die Geduld aufbringe, etwas zu erklären, statt es schnell selbst zu machen. Oder indem ich mir Zeit nehme, gemeinsam zu spielen, indem ich kreative Betätigung ermögliche, Bücher vorlese. Aber wie entlastend, dass es meinem Kind auch nützen kann, wenn ich mich einfach zurückhalte und nicht einspringe, wenn es vor einer Herausforderung jammert.

Schließlich, so denke ich noch, macht Gott es ganz ähnlich. Wie oft bitte ich ihn um die Erleichterung einer Situation. Er hätte die Macht, das schnell für mich zu erledigen. Aber stattdessen bleiben die Schwierigkeiten bestehen und Gott stärkt mir den Rücken, damit ich sie bewältigen kann. So fordert er mich heraus, an den Hindernissen, die mir begegnen, zu wachsen.

Raus aus dem Trubel – rein ins Glück

Ein Tag Auszeit von meinem turbulenten Mamaleben liegt vor mir: raus aus dem Familientrubel, rein in die Stille. Die vergangene Woche hatte es in sich. Zusätzlich zum üblichen Gewusel gab es gestörte Nächte, Arzttermine und einen Elternabend. Was man gemeinhin Trotzphase nennt, kann auch ältere Geschwister anstecken. So galt es, einige Auseinandersetzungen zu führen, Tränen zu trocknen, Geschrei auszuhalten. Manchmal lagen die Nerven blank.

Jetzt betrete ich das Gästehaus der Diakonie-Gemeinschaft Bethesda in Wuppertal. Und atme erst einmal auf – und die Stille ein. Der herzliche Händedruck und duftender Kaffee lassen die Gastfreundschaft, die mir entgegengebracht wird, körperlich spüren. Obst und Säfte stehen bereit. Vitamine für die erschöpfte Seele gibt es durch den Impuls zu einem Bibeltext. Danach erwartet mich ganz viel Zeit zur Stille, um Tagebuch zu schreiben, zu beten, ausgiebig spazieren zu gehen (statt es nur bis zum nächsten Spielplatz zu schaffen). Ich freue mich darauf, einfach in Ruhe vor Gott da zu sein.

Ehrlich gesagt, bin ich richtig froh, meine Familie für acht Stunden los zu sein. Wir greifen zum Liederbuch und singen einen Chorus, der sich als Mut machender Ohrwurm bei mir einnistet. Da fällt mein Blick auf ein Zitat, das unter einem Lied abgedruckt ist:

„Danken heißt – sich vor Gott hinsetzen und sich freuen." (Aus Zaire)[2]

Dieser Satz erreicht mich schon im ersten Moment, als ich ihn lese, tief in der Seele. Wenig später sitze ich in meinem stillen Zimmer am

Schreibtisch, den Blick nach draußen ins Grüne gerichtet, von Herzen froh, endlich mal nicht „Mama hier" und „Mama da" zu hören. Und mich ergreift eine unbändige Freude – über meine Familie.

Ich sitze vor Gott und freue mich über den Mann, den ich liebe, mit dem ich schon bald auf die Silberhochzeit zusteuere. Die Reibungspunkte und Missverständnisse im Alltagsstress rücken in den Hintergrund. Ich freue mich über meine temperamentvolle Tochter, über ihre Begeisterungsfähigkeit, ihre aufrichtige Herzlichkeit. Die emotionalen Ausbrüche, die mich oft so viel Kraft kosten, rücken in den Hintergrund. Ich freue mich über meinen Sohn, über sein fröhliches Selbstbewusstsein als „großes" Kindergartenkind und seine Energie, sich das Leben zu erobern. Sein anstrengender Eigenwille, der im Alltag sehr kräftezehrend daherkommt, verblasst demgegenüber. Ich bin Gott von ganzem Herzen dankbar für meine Familie und glücklich darüber, dass er uns einander anvertraut hat.

In den folgenden Stunden erlebe ich, wie Gott so manches in meinem Inneren zurechtbringt. Ich fühle mich von seiner bedingungslosen Liebe beschenkt und kann meinen Platz im Leben ganz neu bejahen. Ich spüre seine Nähe und göttliche Fürsorge und beschließe, mir diese Gewissheit sehr bewusst in meinen „Alltagsrucksack" zu packen. Am frühen Abend werde ich von meiner quirligen Familie abgeholt und sofort in Stereo mit den Erlebnissen des Tages überschüttet. Ich nehme sie glücklich in den Arm.

So ein Ausstieg aus dem Hamsterrad Familienalltag tut einfach gut. Ich denke: Wir Eltern brauchen solche Zeiten und Räume, die uns einen Perspektivwechsel ermöglichen, damit uns der Blick fürs Wertvolle und Wesentliche nicht verlorengeht. Jedenfalls freue ich mich schon auf den nächsten Oasentag. Und meinem Mann gönne ich von Herzen seinen Wochenendtrip zum Marathon und den Männer-Tag.

Papierlaterne mit Schweißverzierung

„Das war eine Strafe für mich!" Den Satz raunt mir eine Mutter mitten im Gewühl des Jacken-, Schuhe-, Mütze-Anziehens für den eiligen

Aufbruch nach Hause zu. Sie spricht mir aus der Seele.

Dabei bin ich wirklich unvoreingenommen an diesen Laternen-Bastel-Nachmittag herangegangen. Im letzten Jahr war unser Jüngster erst so kurz im Kindergarten, dass ihm der tiefere Sinn der Ausschneiderei und Kleberei noch abging. Nur gegen seinen heftigen Widerstand konnte ich damals die Bauteile der Laterne davor retten, zu zackigem Konfetti zerkleinert zu werden. Eine große Portion Überredungskunst war notwendig, ihn davon zu überzeugen, nicht jegliches Stück Tonkarton vollkommen mit Klebstoff einzufeuchten. Aber in diesem Jahr würde es bestimmt ein fröhliches gemeinsames Arbeiten werden – so jedenfalls meine vage Hoffnung.

Also bin ich frohgemut mit ihm und seiner großen Schwester zum Kindergarten marschiert. Unser Sohn schneidet mittlerweile richtig gut aus und verwendet Klebstoff meistens zweckbestimmt. Und alles fängt auch gut an. Er produziert eifrig mit seiner Schere das Gesicht der Vogelscheuche, ein Halstuch und ihre Hände. Als seine Freunde schon streiken, sind Bauch und Nase des Fantasiegeschöpfs an der Reihe.

Plötzlich zeigt sich ein Mini-Blutstropfen an seinem Zeigefinger. Weltuntergang! Das Pflaster aus dem Verbandskasten wird zum gefühlten Lebensretter. Da packt ein anderes Kind die mitgebrachten Salzstangen aus. Der Versuch von uns Müttern, die Stangen von den Kindern in mehreren Bechern auf allen Tischen verteilen zu lassen, geht im Gerangel gieriger Kinderhände unter. Das Basteln hat alle gleichzeitig hungrig gemacht. Während sich einige mit einer Hand voll krümelndem Knabberzeug unter die Tische verziehen, wirft mein Temperamentbündel von Sohn sich bäuchlings auf den Basteltisch, um auch etwas Essbares zu ergattern. Der Pulli landet im Kleber, die ausgeschnittenen Bauteile mischen sich explosionsartig mit den Abfallschnipseln. Die für die Haare der Vogelscheuche vorgesehen Federn stieben auf, um anschließend in Zeitlupe zu Boden zu schweben.

Jetzt bloß ruhig bleiben! Tränen – Geschrei – zu Molekülen zerbröselte Salzstangen inmitten von Klebe-Papierschnipsel-Tohuwabohu. Tapfer bastelt meine Tochter mitten im Sturm ungerührt vor sich hin. Neben der Assistenz, die sie hin und wieder von mir braucht, versuche ich, die Laterne meines Sohnes fertigzustellen und ihn und seine Freunde gleichzeitig davon abzuhalten, die Puppenecke in ein Chaos zu verwandeln. Schweißtropfen stehen mir auf der Stirn. „Bleib locker! Die sind einfach k. o.", meint tröstlich eine Leidensgenossin.

Jetzt gilt es nur noch, das Singen zu überleben. Alle Laternen werden in die Mitte gestellt und mit einem Teelicht erleuchtet. Wie durch ein Wunder schaffen es die Kinder, diese wenigen Minuten lang stillzusitzen. Die Rollen für das Lied von St. Martin werden verteilt. Als Bettler melden sich meine beiden Kinder im Doppelpack. Es berührt mein Herz, wie sie in ein zerrissenes Hemd gewickelt „im Schnee" einer weißen Decke sitzen, um sich bei der vierten Strophe in den halben Mantel des Steckenpferd-Sankt-Martins zu kuscheln. Auf dem Heimweg tragen sie stolz ihre Laternen.

Mit einigem Abstand zum Geschehen kann ich feststellen: Es war besser als ein Jahr zuvor, wenn auch nicht ganz so entspannt und unverkrampft, wie ich es mir gewünscht hätte. Und wieder einmal gestehe ich mir ein: Die Entwicklung von Kindern verläuft nicht mustergültig wie eine gerade Linie schräg nach oben. Sie ähnelt viel mehr einer Buckelpiste. Es geht durch Höhen und Tiefen und hoffentlich auch langsam aufwärts. Oder im Pilgerschritt: zwei Schritte vor, einen zurück. Unsere Kinder müssen noch nicht fertig sein – wir als Eltern auch nicht. So lange wir mit Gott lernend und wachsend unterwegs bleiben, ist alles gut. An mir ist es wohl, Geduld und Gelassenheit zu lernen. Und bis zum nächsten Jahr sammle ich den nötigen Mut, mich nicht in die Liste der Mütter einzutragen, die keine Zeit für den Laternen-Nachmittag haben und das Basteln an die bemerkenswert geduldigen Erzieherinnen delegieren.

Problem gelöst

Es ist schon fast ein Ritual. Wenn am Samstagmorgen die frischen Brötchen aus dem Brotkorb duften und der Schwarztee in meiner Tasse schon ein paar Minuten zieht, ruft der Papa: Wer will meinen Kaffee machen? Ein „Ich!!!" aus zwei Kinderkehlen läutet den Klärungsprozess ein, wer heute an der Reihe ist. Und dann gurgelt der Automat das duftende Gebräu in Papas Lieblingstasse.

Eines Tages gibt die allseits geliebte Kaffeemaschine irreparabel ihren Geist auf. Ich entsorge sie, ohne den Kindern etwas zu sagen.

Beim Abendessen blickt unser Dreijähriger plötzlich erstaunt in Richtung des nicht mehr vorhandenen elektrischen Küchenhelfers. Seine Augen werden immer größer, sein Blick entsetzter: „Wo is de Kaffeemaschine?" Ich erkläre ihm, dass das Ding kaputt ist. Eine Weile arbeitet es sichtlich hinter der kleinen Denkerstirn. Dann überzieht ein Strahlen sein Gesicht. Er dreht sich zu Papa um und meint: „Okay, dann trinks du jetz Tee", greift zu seiner Gabel und isst munter weiter. Problem gelöst! – jedenfalls für ihn. Uns Eltern lockt diese bestechend unkomplizierte Logik ein Schmunzeln aufs Gesicht.

Etwas, das mir am Elternsein schwerfällt, ist, dass der Alltag oft so ganz anders verläuft, als ich es plane und mir wünsche. Nicht selten reibe ich mich innerlich an Unterbrechungen, Umwegen und unvorhergesehenen Herausforderungen. Ich stöhne über Krankheitszeiten, Pech und Pannen. Und manchmal kostet es mich viel Kraft, bis ich wieder mit mir und meinem tatsächlichen Tagwerk im Reinen bin. Dabei wäre es manchmal viel einfacher, im übertragenen Sinn zu sagen: „Okay, dann eben keinen

Kaffee, sondern Tee." Wenn Weg A verbaut ist, nehme ich Weg B. Wenn ich nicht alles schaffe, mache ich Abstriche bei meinen Erwartungen an mich selbst und andere. Wenn mir etwas gegen den Strich geht, dann ist es dran, meine Vorstellungen zu ändern. Wenn das, was jetzt liegen bleibt, wichtig ist, wird sich an anderer Stelle dafür Zeit finden. Die Worte des brasilianischen Bischofs Dom Helder Camara erinnern daran, dass hinter den Unvorhergesehenheiten unseres Alltags ein tieferer Sinn steckt:

> „Sage ja zu den Überraschungen,
> die deine Pläne durchkreuzen,
> deine Träume zunichte machen,
> deinem Tag eine ganz andere Richtung geben …
> ja vielleicht deinem Leben.
> Sie sind nicht Zufall.
> Lass dem himmlischen Vater die Freiheit, selber den Verlauf deiner Tage zu bestimmen."

Übrigens haben wir für uns eine noch bessere Art gefunden, den Kaffee zuzubereiten. Und jeder in unserer Familie kann weiterhin sein Lieblingsgetränk zum Frühstück genießen.

Warum tu ich mir das eigentlich an?

Ein ganz normaler Tag um die Mittagszeit. Der Dreijährige ist k. o. vom Kindergarten und entsprechend nervenstrapazierend. Unsere Achtjährige stochert maulend auf ihrem Teller herum. Vor zwei Wochen war dieses Essen noch ihr Lieblingsgericht. Ohne aufzuschauen, bemerkt sie: „Wenn du arbeiten gehen würdest, dann könnte ich in der Betreuung zu Mittag essen. Meine Freundin wünscht sich immer, dass ich auch dableibe." Na toll, denke ich mir einigermaßen frustriert, dafür habe ich nun am Herd gestanden.

Nach den Hausaufgaben machen wir uns bei strahlendem Sonnenschein auf in Richtung Spielplatz. Auf dem Umweg zum Bäcker, bei dem wir vorher noch vorbeischauen, entfaltet der Dreijährige die ganze Palette seiner Strategien, sich lautstark zu widersetzen. „Ich will nicht zum Bäcker!" Einmal rennt er fast vor ein Auto. Dann trödelt er im Schneckentempo. Als ich an der Hauptstraße entlang darauf bestehe, dass er an meiner Hand bleibt, brüllt er so laut, dass sich Passanten nach uns umdrehen. Ich seufze und frage mich: Warum tu ich mir das eigentlich an?

Ich habe mich ganz bewusst dafür entschieden, einige Jahre Vollzeit-Familienfrau zu sein. Ich will mir Zeit für die Kinder nehmen und bin dafür bereit, auf materielle Annehmlichkeiten zu verzichten. Aber an Tagen wie diesem kann ich Eltern, die ihre Kinder den größten Teil des Tages im Kindergarten und in der Schule betreuen lassen, extrem gut verstehen. Voller Selbstmitleid fange ich innerlich an, nach Stellenanzeigen Ausschau zu halten …

Endlich auf dem Spielplatz angekommen habe ich Zeit, meinen Gedanken nachzuhängen. Mit der Frühlingssonne, die mir ins Gesicht scheint, und zwei zufriedenen Kindern auf den Spielgeräten verblasst das Selbstmitleid schon etwas. Mir kommt ein Gespräch mit einer berufstätigen Mutter in den Sinn. Ihr Beruf macht ihr Spaß und sie ist grundsätzlich zufrieden mit ihrer Wahl, aber neulich sagte sie: „Ich wünschte, ich hätte erst später wieder angefangen, zu arbeiten. Ich bin oft so gehetzt, mein Alltag ist so vollgestopft. Manchmal fühle ich mich richtig schlecht, dass ich nicht mehr Zeit für die Kinder habe."

Ich tauche vollends aus meinem Selbstmitleid

auf und denke mir: Egal, auf welche Art wir Familie leben – frustfrei ist es nie. Egal, wie ich mich entscheide – immer gibt es Dinge, an denen ich mich reibe und die mich Kraft kosten. In dieser Hinsicht sind sich die unterschiedlichen Lebensentwürfe vermutlich sehr ähnlich.

Ich habe mich bewusst für diesen Weg entschieden und will ihn durchhalten, auch wenn die Kinder es nicht zu jeder Zeit schätzen. Vielleicht würdigen sie es später einmal, vielleicht auch nicht. Jedenfalls brauche ich mich nicht aus meinem Leben fort und an einen anderen Platz, in eine andere Lebenssituation zu wünschen. Denn genau die Lebensumstände, in denen ich stecke, sind meine Herausforderung, genau darin Gelassenheit, Widerstandskraft und Meckerresistenz zu lernen. Dazu ermutigt mich auch ein Zitat von Romano Guardini:

„Was geschieht, kommt von Gott her, aus seiner Liebe, auf mich zu. Es ruft mich an. Es fordert mich auf. Darin soll ich leben und handeln und wachsen und der werden, der ich nach Gottes Willen sein soll."[3]

„Wenn du wüsstest!"

Das Schulkind hat schon bald die erste Stunde hinter sich. Der Dreijährige ist im Kindergarten abgeliefert. Jetzt mache ich noch schnell einen Abstecher zum Markt, um das Mittagessen zu sichern. Dann befinde ich mich auf dem Weg zum Hauskreis. Mit drei anderen Müttern treffe ich mich regelmäßig vormittags, um gemeinsam die Bibel zu lesen und darüber zu reden, was das Gelesene mit unserem Leben zu tun hat.

Julia ist heute zum ersten Mal dabei. Heike humpelt auf Krücken in Tanjas gute Stube. Bei Kaffee und Tee kommen wir ins Gespräch darüber, wie sehr wir bemüht sind, vor anderen einen guten Eindruck zu machen. Unsere Gastgeberin gesteht, dass sie dieses Bestreben heute schon einige Mühe gekostet hat. Sie wollte unbedingt den Wohnbereich aufgeräumt haben, bevor sie ihre Zwillinge zur Kita fährt und wir anschließend vor der Tür stehen.

Julia grinst und gesteht: „Als ich hier reinkam, habe ich gedacht: Mensch, sieht das hier aufgeräumt aus, und das bei fünf Kindern! Mit meinen zwei Rabauken ist bei uns zu Hause entschieden mehr Chaos." – „Wenn du wüsstest, wie es vorher hier ausgesehen hat!" Alle vier können wir entspannt lachen. Und wir erleben: Das ehrliche Eingestehen der eigenen Unvollkommenheit kann so wohltuend sein.

Wie oft sind wir damit beschäftigt, nach außen ein perfektes Bild abzugeben. Ob es um ein gepflegtes Aussehen geht, um den gut organisierten Haushalt, die wohlerzogenen Kinder oder die Bewältigung von Mutterpflichten, Beruf und Ehrenamt. Oft lassen wir uns dabei von dem Eindruck täuschen, bei anderen Familien liefe alles viel harmonischer und runder als bei uns. Vielleicht treibt uns auch der Ehrgeiz an, besser sein zu wollen als andere, so als hinge unser Wert als Person davon ab. In Wirklichkeit könnten wir so viel Druck rausnehmen, wenn wir ehrlich dazu stehen, dass wir manchmal zu kämpfen haben und es Dinge gibt, die uns oft den Atem nehmen. Wir müssen nicht perfekt sein. Und wir müssen nicht so tun, als wären wir es.

Jede hat andere Stärken – und Schwächen. Eine Mutter kann geduldiger sein, dafür drückt sie bei Staubflusen eher mal ein Auge zu. Eine andere schafft viel im Beruf, dafür kann sie nicht so gut mit ihren Kindern basteln. Ein Vater ist gut darin, mit seinen Kindern etwas Besonderes zu unternehmen, ein anderer ist bei den praktischen Arbeiten zu Hause einsatzbereit und fit. Wir müssen uns nicht vergleichen, wir müssen einander nichts vormachen. Wenn wir nicht nur unsere Schokoladenseiten, sondern auch unsere Macken und Defizite einander zeigen, dann wächst daraus Ermutigung.

Wir können uns gegenseitig Wertschätzung schenken – unabhängig von unserer Leistung. Wir können einander gerade in unserer Unterschiedlichkeit achten. Und wir können uns unterstützen und ergänzen statt einander auszustechen. Wer sich in seiner Unvollkommenheit geschätzt und angenommen weiß, kann viel versöhnter mit sich und anderen leben. Das kommt dann unserer Familienatmosphäre ebenso zugute wie dem Tiefgang unserer Freundschaften.

Mit dem Papst nach Bullerbü

„Das ist unser kleines Bullerbü!" Mit diesen Worten stellte mir eine Freundin beim ersten Besuch ihr Familiendomizil am Waldrand vor. Ich wusste genau was sie meinte. Auch ich gehöre zu der Generation von Eltern, für die der Name des schwedischen Mini-Dorfes aus der Feder von Astrid Lindgren mehr ist als ein melodischer Name, der nach schwedischem Möbelhaus klingt. Er ist für mich der Inbegriff einer naturnahen, unbeschwerten, glücklichen Kindheit – voller Freundschaft, Frischluftabenteuer, Sonnenschein, Naturverbundenheit, Tierliebe und Freiheit.

Zum letzten Weihnachtsfest haben wir unseren beiden Kindern (nicht völlig uneigennützig ☺) die Bullerbü-Filme geschenkt, die vor mehr als 50 Jahren gedreht wurden. Beim gemeinsamen Anschauen genieße ich das fröhliche Glucksen von Joshua angesichts der sympathischen Jungsstreiche ebenso wie das „O wie süß" der großen Schwester bei den mehr oder weniger erfolgreichen Babysitter-Versuchen von Lisa und Anna mit Klein-Kerstin. Während unsere Kinder für das so niedliche, mit dem Fläschchen vor dem Hungertod bewahrte Lämmchen „Pontus" schwärmen, vergesse ich den Alltagsstress und schwelge in nostalgischen Erinnerungen.

So ganz nebenbei fällt mir etwas auf: Die Eltern gibt es praktisch nicht. Sie werden schon mal erwähnt und huschen auch hier und da durchs Bild. Aber ganz offensichtlich stehen sie nicht allzeit bereit für die Beaufsichtigung oder gar Bespaßung und Konfliktlösung ihrer Sprösslinge.

Das bringt mich ins Nachdenken. Ja, ich wünsche meinen Kindern eine „Bullerbü"-Kindheit. Aber würde ich wirklich wollen, dass sie in der Nacht (auch wenn die im nordschwedischen Sommer nicht wirklich dunkel ist) aus dem Haus schleichen und abenteuerlustig hinter Flussgeistern herjagen, dass sie stundenlang ohne Erwachsene klarkommen müssen, weil Eltern und Großeltern im Nachbardorf beim Pfarrer eingeladen sind, dass sie kilometerweit zum nächsten Krämerladen wandern und im Winter auf einem zugefrorenen See spielen, in den vorher Eislöcher gehackt wurden? Ich weiß nicht so recht.

Aber was ich meinen Kindern wünsche, ist, dass sie ebenso glücklich, selbstständig, verantwortungsvoll, kreativ und selbstbewusst sind wie Lisa, Ole & Co. Dass sie wirklich Kinder sind und keine vorfrühen Pseudo-Teenager.

Ja, ich weiß: Ganz nüchtern betrachtet ist unser Umfeld so verschieden von „Nordhof, Südhof, Mittelhof" im Schweden der Fünfzigerjahre des vorigen Jahrhunderts. Aber es ist auch ein Grundkonflikt in meinem Herzen. Eigentlich würde ich gern ziemlich viel im Leben meiner Kinder positiv beeinflussen und im Überblick behalten. Von Bullerbü lernen heißt, gemessen an unserer heutigen Situation das Wagnis einzugehen, Beeinflussung und Kontrolle loszulassen. Wo ist es im Interesse der Kinder gut, nicht alle Wünsche zu erfüllen und Langeweile zuzumuten? Wie kann ich Gelassenheit lernen und den Kindern all das zutrauen, was sie wirklich selber können?

Mir fällt eine Anekdote ein, die ich schon lange kenne und liebe. Ob sie sich wirklich zugetragen hat, ist nicht so wichtig wie ihr Sinngehalt, der für Bischöfe wie für Mütter gleichsam gilt:

Zu Papst Johannes XXIII. kam eines Tages ein junger Bischof. Nervös klagte er über die Bürde seines Amtes. Er finde vor lauter Verantwortung keinen Schlaf mehr. Der Papst lächelte und verriet ihm: Auch er habe nach seiner Wahl zum Papst kein Auge zugetan. Als er einmal doch kurz eingenickt sei, sei ihm ein Engel im Traum erschienen und habe ihm zugeraunt: „Giovanni, nimm dich nicht so wichtig." Seitdem, so Papst Johannes XXIII., könne er wunderbar schlafen.

Das ist eine gute Zusammenfassung des Bullerbü-Anliegens: Mama, nimm dich nicht so wichtig! Es hat noch kein Kind Fieber bekommen, weil es die Strumpfhose im Kindergarten falsch rum trägt. Der Fußweg zum Freund kann ihren Sprössling mehr wachsen lassen als das ständige Mama-Taxi. Irgendwie liegt das Geheimnis einer glücklichen Kindheit auch darin, dass Eltern eben nicht ständig zur Verfügung stehen, alles planen und optimieren. Sondern dass sie sich entbehrlich machen und ihren Kindern sehr viel mehr zutrauen.

Dröhnender Retter

Es ist noch dunkel draußen, als ich Joshua für den Kindergarten fertig mache. Trotz seiner Lieblingsleuchtweste, die ihn wie ein überdimensionales Glühwürmchen mit Beinen aussehen lässt, mault er heute. Er würde lieber mit dem Auto fahren statt zu Fuß zu gehen. Ich bleibe unnachgiebig. Da ein paar Tropfen vom

Himmel fallen, greife ich zu seinem Feuerwehrschirm. So stapfen wir in die Dunkelheit – mein schlecht gelaunter „kleiner Feuerwehrmann" und ich.

Als wir uns im Dunkelgrau des Morgens der Hauptstraße nähern, kommt die Rettung für Joshuas Stimmung lautstark und orange blinkend angerumpelt. Eine dröhnende Kehrmaschine kriecht und schnauft sich von Parkbucht zu Parkbucht. Joshua strahlt. Unvermittelt legt er an Tempo zu. Wir überqueren die Straße an der Fußgängerampel und stehen dann direkt neben dem rotierenden Ungetüm. Der Fahrer winkt uns zu. Die leuchtenden Kinderaugen werden noch größer. Was für ein Glück, so eine beeindruckende Maschine ganz aus der Nähe betrachten zu können! Der Rest des Fußweges ist ein Kinderspiel. Mein Sohn kann es kaum erwarten, seinen „Kollegen" im Kindergarten von der beeindruckenden Begegnung zu erzählen.

Noch auf dem Weg lockt eine Erinnerung an ein ähnliches, aber ganz anders aufgenommenes Erlebnis unserer Tochter ein Schmunzeln auf mein Gesicht. Anna war damals so alt wie Joshua jetzt. Ihre Kita-Gruppe machte zu Fuß einen kleinen Ausflug. Mittags, als ich sie abholte, berichtete mir die Leiterin: Die Kinder gingen zwei und zwei auf dem Bürgersteig, Anna direkt hinter ihr. Plötzlich rollte laut brummend eine Kehrmaschine um die Straßenecke. Im selben Moment – schneller als ein Augenzwinkern – sprang Anna ihrer Lieblingserzieherin auf den Arm. Die einfache Erklärung war: Unsere Tochter hatte damals Angst vor großen, lauten Fahrzeugen. In ihrem Schreck suchte sie schnell und entschlossen Geborgenheit und Schutz.

Wie grundverschieden Kinder sich entwickeln, obwohl sie von denselben Eltern stammen! Und wie liebenswert sie gerade in dieser Unterschiedlichkeit sind! Ich mag die Tapferkeit meines Sohnes, mit der er sich mutig neuen Situationen stellt und sich selbst etwas zutraut. Gleichzeitig schätze ich die Vorsicht unserer Tochter und die Geistesgegenwart, mit der sie ihre Angst bewältigt hat. Jedes Kind ist von Gott einmalig, unverwechselbar und wertvoll geschaffen. Und er will uns Eltern immer wieder die Augen dafür öffnen, wie liebenswert diese einzigartige Persönlichkeit ist.

Bei manchen Charakterzügen unserer Kinder müssen wir vielleicht schlucken, es kostet Willensentschluss und Kraft, sie ganz und gar anzunehmen. Aber Gott macht keine Fehler. Er hat mit jedem Kind – wie sein Wesen auch sein mag – etwas vor in dieser Welt. Diese wunderbare Wahrheit aus der Bibel gilt für jeden Menschen, ob groß ob klein: „Herr, ich danke dir dafür, dass du mich so wunderbar und einzigartig gemacht hast! Großartig ist alles, was du geschaffen hast – das erkenne ich!" (Psalm 139,14)

Der Schöpfer des Universums liebt seine Menschen – er liebt uns Eltern, er liebt unsere Kinder. Und er will uns mit dieser vorhaltlosen Zuneigung für unsere Kinder erfüllen, die ihnen vermittelt: Du bist liebenswert und wertvoll, gerade so, wie du bist.

Fahrstuhlangst bezwungen

War da nicht was? Ich schalte den Staubsauger aus. Vom Anrufbeantworter höre ich gerade noch das Klick. Ich rufe in der Schule zurück. Die Lehrerin klingt besorgt. Unsere Tochter sei in der Pause gestürzt und habe jetzt Kopfschmerzen. Ob sie das Kind auf den Heimweg schicken könne? Nein, ich hole sie lieber ab. Vorher muss ich nur noch kurz dem kleinen Bruder eine neue Windel verpassen.

Zehn Minuten später kuschelt meine Erstklässlerin sich an mich. Wir laden den Schulranzen in den Kinderwagen und gehen auf dem Heimweg an der Bäckerei vorbei. Ich spendiere beiden Kindern ein Rosinenbrötchen und ihr Lieblingsgetränk. Als Anna ablehnt, werde ich stutzig. Den Gedanken an Gehirnerschütterung dränge ich zurück. Ausruhen, Trost, Nähe und ein Kühlpad könnten es auch richten. Ungewohnt freiwillig legt unser Temperamentbündel sich aufs Sofa. Anna fragt nicht einmal, ob sie Kika schauen darf.

Während ich in der Küche hantiere, ruft sie plötzlich und dringend nach mir. Mit der Spuckschüssel komme ich zu spät. Der verdrängte Verdacht meldet sich zurück. Rasch erledige ich einen Anruf beim Kinderarzt und einen in der Notfallambulanz der nächsten Klinik. Jetzt muss ich nur noch „unseren Kurzen" der hilfsbereiten Nachbarin anvertrauen und den Papa im Büro verständigen und schon sitzen wir beide im Auto.

Die Notfallaufnahme samt Schriftkram und Untersuchung bringen wir hinter uns und machen uns mit einem Pfleger auf den Weg zur Kinderstation. Es geht verwirrende Flure entlang und durch unzählige Türen. Die Stockwerke der immer wieder erweiterten Klinik sind per Treppen und einmal unerlässlich mit einem Aufzug zu bewältigen. Meine kleine Patientin streikt – sie hat seit einigen Monaten Angst vor dem Fahrstuhlfahren. Spontan biete ich ihr an: Komm einfach auf meinen Arm – da kann dir nichts passieren. Gesagt getan. Heute springt sie nicht an mir hoch, sondern klettert behutsam in meine Arme. So geborgen traut sie sich in den Fahrstuhl und wir haben in Kürze unser Ziel erreicht. Zwei Tage später ist sie wieder unser fröhliches, unbeschwertes Mädchen.

Ängste gehören zum Leben (nicht nur) von Kindern – mal vor lauten Fahrzeugen, mal vor Fahrstühlen, mal vor großen Hunden oder vor Dunkelheit. Sich den Armen von Mama oder Papa, einer Oma oder Lieblingserzieherin anzuvertrauen, ist eine tragfähige Bewältigungsstrategie. Es fühlt sich auch für mich als Mama gut an, wenn ich mein Kind trösten und stärken kann allein dadurch, dass ich da bin und es in den Arm nehme.

Wenn meine Gedanken in die Zukunft

schweifen, wünsche ich meinen und allen anderen Kindern immer wieder solche Erfahrungen: „Wenn das Leben mich überfordert, habe ich eine Vertrauensperson, an die ich mich wenden kann." Und ich wünsche ihnen, dass sie den himmlischen Vater kennenlernen, der ihnen in angstvollen Situationen und Herausforderungen zuspricht: „Sei mutig und entschlossen! Lass dich nicht einschüchtern, und hab keine Angst! Denn ich, der Herr, dein Gott, bin bei dir, wohin du auch gehst." (Josua 1,9) Diesem Gott können nicht nur Kinder, sondern auch wir Eltern uns anvertrauen, wenn wir Geborgenheit und Zuspruch nötig haben.

Kinder-Uni ohne Hörsaal

„Mama, muss man eigentlich immer essen?", fragte mein vierjähriger Steppke. So schlimm war das gar nicht, was ich gekocht hatte. Ehrlich nicht!

Um Zeit zu gewinnen, frage ich zurück: „Wie meinst du das?"

„Stirbt man sonst, wenn man nicht isst?"

Okay, darauf weiß ich eine Antwort:

„Wenn man nichts trinkt und nichts isst, verhungert man irgendwann oder verdurstet."

Aber damit war mein Gegenüber noch nicht zufrieden. „Und dann ist man tot. Wie ist das, wenn man tot ist?"

Mein Zögern führt zur Selbstantwort: „Dann kommt man unter die Erde und dann in Himmel." Spricht's und futtert weiter. Aber dann: „Mama, wenn die Ritter im Himmel sind, töten die dann immer noch ihre Feinde?"

„Nein, wenn die im Himmel sind, vertragen sie sich miteinander. Im Himmel gibt's keinen Streit und kein Töten mehr."

Diese Alltagsphilosophiestunde ist erst mal geschafft.

Abends erzähle ich den Kindern, dass wir einen Besucher erwarten, den sie noch nicht kennen.

Prompt erfolgt die Gegenfrage: „Ist der alt oder neu?"

Meine Erklärung, dass diese Formulierung für Menschen nicht angemessen ist, hört Joshua nur mit halbem Ohr, denn er hat bereits gefolgert: „Stimmt – alle die Gott gemacht hat, sind neu."

Bestechend logisch. Einen „Gebrauchtwagenmarkt" für Menschen gibt's eben nicht.

Zwei Tage später tritt der Fall ein, den wir lange vorher besprochen haben. Wir lassen morgens unsere Fahrräder stehen, weil wir sonst auf dem Weg zum Kindergarten patschnass werden. Glücklich macht das unseren passionierten Radfahrer nicht gerade – trotz wirklich ansehnlichem Feuerwehr-Regenschirm. Beim Heimweg mittags schimpft er ausgiebig über das Nass von oben.

„Der blöde Regen!"

Ich: „Auch wenn er uns ärgert, der Regen ist trotzdem gut. Wenn es nie regnen würde, dann würden keine Pflanzen wachsen und es gäbe nichts zu essen."

Darauf schallt es unter der gelben Kapuze vor: „Aber dann kann man doch mit der Gießkanne gießen!"

„Nur leider wäre irgendwann auch kein Wasser mehr da, um es in die Gießkanne zu füllen."

Kurzen Moment Funkstille.

„Kommt der Regen aus Gott?"

„Nein, der kommt aus den Regenwolken."

„Und Gott ist in der Regenwolke?"

„Nein, Gott hat die Regenwolken gemacht."

„Und wer hat Gott gemacht?"

„Gott war schon immer da."

„Muss Gott auch was essen?"

„Nein, bei ihm ist das ganz anders als bei uns Menschen. Er lebt im Himmel und er bleibt immer."

„War er auch mal klein mit Windel?"

Nun muss ich mein Hirn ganz schön anstrengen, um in fünf Sätzen eine Antwort hinzubekommen, die die Ewigkeit Gottes und den tieferen Sinn von Weihnachten mit dem Gottessohn in Windeln in kindergartenkindgerechte Häppchen zerlegt. Das ist Kinder-Uni ganz ohne Hörsaal und Vorlesungsverzeichnis. Leider auch ohne Professorengehalt. Was wiederum nichts über den eigentlichen Wert solcher Gespräche aussagt.

Natürlich weiß ich, dass die Warum-Fragen der Kinder oft einfach die Funktion haben, meine Aufmerksamkeit zu fesseln. Aber andererseits stehe ich auch staunend davor, was in so einem Kinderkopf alles passiert und vor sich geht. Wie viel Entwicklungsarbeit leisten die kleinen Erdenbürger, wie viel haben sie zu lernen, zu verarbeiten, zu sortieren! Und wir als Eltern dürfen sie dabei begleiten. Ist das nicht eine kostbare, lohnende Investition von Zeit und Kraft, an die wir später gern zurückdenken werden, wenn die Kleinen längst groß sind?

Manchmal – wenn es um Berufstätigkeit von

Müttern, um Ganztagesbetreuung und um die Karriere von Frauen geht – kann der Eindruck entstehen, als wären Familienarbeit und Kinderbetreuung es nicht wert, sich dafür einen guten Teil des Tages und einige Jahre des Erwachsenenlebens Zeit zu nehmen. Als wäre es das Beste, Kinder nur effektiv in Einrichtungen betreuen zu lassen, um möglichst viel Erwerbsarbeit und Karrierechancen ins eigene Leben zu packen.

Dabei ist die Zeit mit Kindern nicht nur kostbar, sondern auch wirklich anspruchsvoll. Kinderbetreuung ist nichts für träge Zeitgenossen, die nichts dazulernen wollen. Kinder fordern uns heraus, das Leben tiefer als bisher zu verstehen, uns Krisen und Alltagsanforderungen mutig zu stellen, uns selbst als Persönlichkeit weiterzuentwickeln und schlicht und einfach realistischer zu werden. Durch ihre Art, die Dinge aus einem ganz anderen Blickwinkel zu sehen, lehren sie uns oft, worauf es im Leben wirklich ankommt.

Letzten Endes erwerben wir Eltern im Lauf der Kindheit unserer Kinder Kompetenzen, die unser eigenes Leben samt Berufstätigkeit bereichern. Auch wenn ich manchmal fast einen Knoten im Hirn habe – ich liebe diese Herausforderung. Und ich lasse mir von niemandem einreden, sie sei weniger wert als Erwerbstätigkeit.

Stolz – aber richtig!

Endlich ist es so weit! Der Schlagzeuger gibt den Takt vor, die Band intoniert den Titelsong und es marschieren unter rhythmischem Klatschen der Zuschauer fröhlich strahlend und winkend 133 Kinder durch die Halle auf die Bühne. Wir bekommen ein mitreißendes, berührendes Weihnachtsmusical zu sehen, zu hören und zu fühlen. Kaum kann ich meinen Blick vom Gesicht unserer Tochter wenden. So stolz bin ich darauf, wie begeistert sie vorne steht, wie engagiert sie in Wort, Musik und Bewegung ihre Botschaft in die Welt jubiliert. Als sie mit fünf anderen Mädchen in Nachthemd und Schlafmütze den Tanz aufführt „Bethlehem ist voll, wirklich proppevoll", kann ich mir die Tränen nicht verkneifen. Gibt es etwas Wundervolleres, als auf die eigenen Kinder stolz zu sein?

In solchen Begeisterungsmomenten wie Musical-Aufführungen oder an dem Frühlingstag, an dem sie Radfahren lernen, kann ich mir nichts Besseres vorstellen. Nach längerem Nachdenken und mit etwas Abstand wird mir bewusst, was noch besser ist: Unsere Kinder auch dann von ganzem Herzen annehmen, wie sie sind, wenn sie uns *keinen* Anlass geben, auf sie stolz zu sein. Denn alle Seiten ihrer Persönlichkeit machen unser Leben reich, nicht nur die, die wir uns wünschen.

Ich muss zugeben, ich wünsche mir manchmal – ohne viel drüber nachzudenken – „rundum funktionierende" Kinder. Hin und wieder tut es mir darum gut, diese Vorstellung konsequent zu Ende zu denken. Was wäre, wenn bei unseren Kindern alles immer glatt und bilderbuchmäßig liefe? Wenn sie sich im Kindergarten jederzeit vorbildlich verhielten, wenn sie nie vor Wut jemandem wehtäten, wenn sie von Anfang an alles in reifen Gesprächen klären könnten, wenn sie vom ehrgeizen Schulanfänger direkt zum Lieblingsschüler ihrer Klassenlehrerin avancierten, wenn sie nur gute Noten schrieben und die Nachmittage allzeit mit pädagogisch wertvoller Freizeitbeschäftigung verbrächten? Wenn sie sich nicht nur als Sportskanonen, sondern auch als Musikgenies hervortäten und obendrein als Mathe-Asse glänzten?

Wären wir Eltern da nicht in der Gefahr, uns insgeheim auf die Schulter zu klopfen ob unserer Erziehungsleistung? Und was würde das mit der Selbstwahrnehmung unserer Kinder machen? Wären sie nicht in der Gefahr, herablassend auf andere zu blicken, die sich mit den Anforderungen nicht so leichttun?

Der Franziskanerpater Brennan Manning fasste ein Stück Lebensweisheit in diesen augenzwinkernd tiefgründigen Satz: „Das Problem mit unseren Idealen besteht darin: Wenn wir sie erreichen, kann man mit uns nicht mehr leben."[4] Das trifft wohl auch auf unser Familienleben zu. Es geht für unsere Kinder und für uns als Eltern nicht darum, auf allen Ebenen das Ideal zu erreichen. Gott hat etwas mit unserem Leben vor – und zwar mit der real existierenden Alltagsmischung von Licht und Schatten, Glücksmomenten und Frusterfahrungen, Elternstolz und Elternsorge. Gerade dieser Cocktail aus gelungen und noch nicht gelungen, aus Glück und Versagen, aus Dankbarkeit und Frustration ist Gottes Geschenk für unseren persönlichen Wachstumsweg.

Wir dürfen begeistert wahrnehmen, was an

unseren Kindern einzigartig und wunderbar ist. Das können gute Noten sein, das kann auch die Fähigkeit sein, eine gute Freundin für andere zu sein. Es kann das Schwimmabzeichen in Silber ebenso sein wie ein gelungenes Vorspiel in der Musikschule oder ein wunderschön gemaltes Bild. Es kann ihre Kontaktfreudigkeit sein oder ihre Fähigkeit, ruhig und versunken allein vor sich hinzuspielen. Es kann die Fähigkeit sein, mit der eigenen Wildheit und Fröhlichkeit andere anzustecken oder sich mit einem spannenden Buch stundenlang in eine Ecke zu verkrümeln. Es kann die Hilfsbereitschaft sein, die Fähigkeit, andere zum Lachen zu bringen, oder der Blick für Mitschüler, die nie zum Geburtstag eingeladen werden.

Andererseits dürfen wir uns eingestehen, dass unsere Kinder nicht alles spitze können. Sie bleiben hinter unseren Erwartungen zurück. Sie haben vielleicht gerade in einem Bereich Probleme, in dem wir Eltern in der Kindheit stark waren. Da war der Papa ein super Läufer und das Kind ist eine lahme Ente. Oder die Mama war immer beliebt und hatte viele Freundinnen, und die Tochter tut sich schwer, sich mit anderen Kindern zu vertragen. Das ist okay. Kinder müssen nicht dauernd durch Superförderung und optimale Lernumgebung höher, schneller, besser und umgänglicher werden. Sie dürfen unscheinbar und unperfekt sein. Sie dürfen sich streiten und auch mal widerborstig sein. Und gerade darin sind sie liebenswert.

Gerade so – als wirkliche und nicht als erträumte Kinder – sind sie Lehrmeister für unsere Persönlichkeitsentwicklung. An uns Eltern ist es, Nachsicht und Barmherzigkeit zu lernen, unsere Kinder wertzuschätzen mit allem, was zu ihrer Eigenart gehört. Genau das macht sie auf lange Sicht lebensfähig, ihrer selbst bewusst und verträglich für andere.

Obendrein können wir anderen Eltern, in deren Familien auch nicht alles wie am Schnürchen läuft, Warmherzigkeit und Verständnis entgegenbringen. Wir sind alle irgendwo auf unserem Reifungsweg unterwegs und haben es nicht nötig, uns – bewusst oder subtil – gegenseitig auszustechen oder abzuwerten.

Ferien mit Hindernissen

Endlich Ferien! Unbändig freuen die Kinder sich auf Weihnachten. Wir Eltern haben es in diesem Jahr ganz stressfrei geplant. Viel Zeit für Gemütlichkeit, fröhliche und besinnliche Gottesdienste und als krönenden Abschluss des alten Jahres ein paar Besuche.

Doch es kommt anders. Nach wenigen Tagen kann ich die Wutanfälle und Alpträume, die uns tagsüber Nerven und nachts den Schlaf rauben, nicht mehr zählen. Stecken denn beide Kinder gleichzeitig in einem Entwicklungsschub? Ausgerechnet dann, als wir ein paar Tage auf Reisen sind, lassen Schnee und Eis die Fahrt zum Stressresistenztraining werden. Als wir hoffen, zu guter Letzt noch zwei ruhige Tage zu haben, macht eine dicke Zahnentzündung uns einen Strich durch die Rechnung. Den vorletzten freien Tag verbringen wir zur Hälfte im Notdienst der Zahnklinik. Den letzten beim Zahnarzt unseres Vertrauens, der trotz aller Einfühlsamkeit das Zahnziehdrama nicht ersparen kann. Seufzend erinnere ich den Mann, den ich liebe, an den Spruch seines Kollegen: „Urlaub mit Kindern wird völlig überschätzt." Verzwickt daran ist nur, dass wir am Ferienbeginn wirklich erholungsbedürftig waren.

Am Rande der Aerobic-Stunde komme ich mit anderen Müttern ins Gespräch. Bei einer Familie legte eine Lungenentzündung den Jüngsten flach. Als Mitbringsel aus dem Krankenhaus drehte danach ein Magen-Darm-Virus in der ganzen, ja in der ganzen Familie die Runde. In einer anderen Familie gab es zwei Wasserrohrbrüche zu bewältigen – wirklich *zwei* an *zwei* unterschiedlichen Rohren innerhalb *einer* Woche. Dieses Wissen ersetzt zwar nicht die Erholung, die ich vermisst habe. Aber es gibt mir das Gefühl: Wir sind nicht allein. Das tröstet ein wenig.

Ich schleppe mich durch die erste Schulwoche und staune, wie erholsam ein gewohnter Alltagsrhythmus sich anfühlen kann. In meiner Gebetszeit breite ich vor Gott meine Frustration aus. Ich fühle mich durch und durch erschöpft. Ich flehe ihn an, mir Kraft zu geben. Immer wieder lenkt er meine Aufmerksamkeit auf eine Postkarte, die seit Wochen unseren Flur schmückt:

Life isn't about waiting for the
STORM TO PASS
it's about learning how to
DANCE IN THE RAIN.

Das Leben besteht nicht darin, darauf zu
warten,
dass der Sturm vorübergeht;
Es besteht darin zu lernen,
wie ich im Regen tanzen kann.

Ich weiß, was Gott mir dadurch sagen will.
Das Leben besteht nicht aus einer Aneinander-
reihung von Schön-Wetter-Erlebnissen. Es
enthält Höhen und Tiefen, Sonnenschein und
Stürme. Ich soll nicht darüber jammern, dass
die Stürme nicht aufhören, sondern lernen,
aus den Turbulenzen das Beste zu machen.
So richtig erreicht mich das noch nicht tief
in meinem Inneren. Da setzt Gott noch eins
drauf. Sonntags im Gottesdienst singen wir
dieses Lied:

„Berge mich in deinem Arm.
Schütze mich mit deiner starken Hand.
Komm, ruh dich aus bei deinem Gott.
Trau auf ihn und seine große Kraft.

Wenn die Meere toben, Stürme wehn,
werd' ich mit dir übers Wasser gehen.
Du bist König über Wind und Flut,
mein Herz wird still, denn du bist gut."[5]

Es ist, als hätten die Musiker es nur für mich ausgesucht. Mit einem Mal erreichen mich Gottes Zuwendung und Trost und seine Kraft mitten im Herzen. Ich kann mich versöhnen mit den vermiesten Ferien und im Vertrauen auf diesen guten Gott zuversichtlich auf das neue Jahr blicken.

Carpe diem

Oh wie gut das tut! Ich nehme einen tiefen Atemzug, als ich aus der Haustür trete. Tagelang hat es geregnet und gestürmt. Die kollektive Familienlaune hat das nicht gerade gehoben. Den Kindern machte es keinen Spaß, draußen zu sein. Arzttermine, Logopädie, Üben für die nächste Klassenarbeit und nicht enden wollende Haushaltspflichten haben die Tage ausgefüllt, ohne sie besonders zu machen. Aber heute bin ich mit meiner Arbeit am Schreibtisch schneller fertig als geplant. Eine dankbare, begeisterte Mail von einem Leser hat mich erreicht. Es beflügelt mich, dass Gott andere stärkt und inspiriert durch Worte, die mir beim Schreiben einfallen. Bald ist Abholzeit im Kindergarten und die Sonne strahlt, als wolle sie alles Verpasste nachholen.

Ich gehe zehn Minuten früher los als nötig und gönne mir einen Umweg. Wie dankbar bin ich, dass ich an solch einem Sonnentag nach unzähligen Regentagen nicht ganztägig im Büro sitzen muss. Wie schön, dass ich mich in der frischen Luft bewegen kann und die Sonne meine Nase kitzelt.

Im Kindergarten hüpft mein Sohn mir fröhlich in die Arme. Auch auf dem Heimweg mault er heute nicht vor Müdigkeit. Mir wird bewusst, wie groß er schon geworden ist. „Mama ich will den Paul besuchen!", erklärt er mir ganz wichtig. Ich liebe sein aufgewecktes Gesicht und wie frech seine Haarsträhnen unter der Bärenmütze hervorlugen. Und ich spüre, wie schön es ist, ein Kind ins Leben zu begleiten. Vom Baby zum Kleinkind zum Kindergartenkind zum Schulkind. Ja, es ist oft stressig und unglaublich raumgreifend in meinem Alltag. Aber es ist auch ein wunderschöner, erfüllender Lebensinhalt.

Noch ist unser Vierjähriger süß und drollig – nicht immer, aber immer wieder mal. Bald wird er groß und selbstbewusst wie seine Schwester zur Schule gehen. Der erste Info-Abend für seinen Einschulungsjahrgang liegt hinter mir. Es ist etwas Besonderes, zu erleben, wie Kinder wachsen und selbstständig werden. Es ist beglückend, mir Zeit für die Familie zu nehmen. Und es tut gut, mir das mitten in der Alltagsmühle bewusst zu machen.

Carpe diem – „pflücke den Tag" oder „genieße den Tag". Mit dieser Schlusszeile eines Gedichtes ermutigt der römische Dichter Horaz dazu, das, was das Leben reich macht, *heute* zu genießen und es nicht auf einen anderen Tag zu verschieben. Ob er dabei an ständig geforderte und meist mit mehreren Aufgaben gleichzeitig beschäftigte Eltern gedacht hat? Jedenfalls brauche ich den Tipp besonders in dieser Lebensphase. Carpe diem! Ich will nicht nur funktionieren und organisieren, sondern das Glück wahrnehmen, das mitten in meinem Alltag steckt.

Blick zurück in die Zukunft

Überraschender Besuch hat sich angekündigt. Unsere Kinder fragen mir Löcher in den Bauch: „Wie heißt die Frau?" – „Franziska, aber wir nennen sie Franzi." – „Die Franzi aus meinem Kindergarten?" – „Nein, eine ganz andere. Sie ist schon erwachsen." – „Ist die nett?" – „Ja – sie war schon immer herzlich und knuffig." – „Wie sieht sie aus?" – „Ich habe sie selbst seit 15 Jahren nicht mehr gesehen. Wir haben uns nur am Telefon gesprochen." – „Was gibt's zu essen?"

Kichererbsenpüree, Tomate-Mozzarella, Kürbiskernaufstrich, Oliven und Fladenbrot stehen auf dem Tisch. Während ich das Ratatouille in der Pfanne wende, werfe ich einen kurzen Blick aus dem Küchenfenster. Da sehe ich sie. Ich erkenne Franzi sofort und sie winkt mir strahlend zu. Eine kurze Info an die Kinder und schon stürzt unser „Begrüßungskomitee" zur Haustür. Als Erstes springt mir ins Auge, was für eine wunderschöne Frau mit Ausstrahlung aus dem Teeniemädchen von damals geworden ist. Inmitten fröhlichen Kindergeplappers genießen wir gemeinsam das Essen. Danach lässt Franzi sich nacheinander in beide Kinderzimmer abschleppen. Sie bekommt eine Einführung in Feuerwehr-Interna, erfährt die neuesten Piratengeschichten und erweist mit Lego ihre Baukünste. Sie verliert beim Mau-Mau spielen, lässt sich beim Tischkicker fast abzocken und muss unbedingt beim Zähneputzen assistieren. Dann darf sie noch die Gutenachtgeschichte vorlesen. Endlich ist der Nachwuchs „in die Waagerechte" gebracht und wir Erwachsenen sitzen mit einem erfrischenden Drink auf der sommerlichen Terrasse.

Wir kommen ins Klönen und schwelgen in Erinnerungen. Wir lachen über lustige Auswirkungen von Franzis Schwerhörigkeit. Wir erzählen von traurigen Verlusten, schmerzhaften Krisenzeiten und lebenswichtigen Erfahrungen. Wir staunen über den guten Weg, den Gott geführt hat – auch durch ein Gestrüpp von Fragen, Suchen, Scheitern und Hindernissen. Ganz zum Schluss, bevor wir miteinander beten, fasst Franzi in Worte, wie sie uns vor mehr als 15 Jahren als Jugendleiter erlebt hat und was diese Beziehung für ihr Leben, ihren Beruf, ihr Selbstverständnis heute bedeutet. In meinem Herzen breiten sich Staunen und Dankbarkeit aus darüber, wie diese junge Frau mit all dem

Schönen und Schwierigen, das zu ihrem Leben gehört, ihren Weg gegangen ist und geht. Wie wunderbar hat Gott sich diese Persönlichkeit ausgedacht.

Und meine Gedanken wandern zurück: Beruflich Jugendarbeit zu machen, hat oft Spaß gemacht, aber es hat uns auch gefordert und ging nicht immer leicht von der Hand. Wir haben manches entwickelt und aufgebaut, kamen aber auch an unsere Grenzen und haben versagt. Nach eineinhalb Jahrzehnten einen klitzekleinen Einblick in die Frucht der Arbeit von damals tun zu dürfen, hat mich tief berührt. Fast ehrfürchtig stehe ich davor, was Gott durch Menschen, die junge Leute ins Leben begleiten, tun kann. Ich spüre: Es ist ein Geschenk, daran beteiligt sein zu dürfen.

Und dann denke ich an unsere eigenen Kinder. Auch mit ihnen ist es nicht immer lässig und locker. Elternsein macht oft Spaß. Es macht glücklich. Und es fordert uns oft alles ab. Es bringt mich an den Rand der Erschöpfung, ohne dass ich zu jeder Zeit die Frucht der investierten Kraft erkennen kann. Aber wenn schon durch die Beziehung zu einem Teenie im Konfirmandenunterricht und Teenkreis so viel Wertvolles wachsen kann – wie viel mehr lohnt sich alle Mühe und Kraft und Liebe und kleinteiliger Alltagskram dafür, dass die Kinder von heute zuversichtliche und lebensfähige Erwachsene von morgen werden. Mir schenkt diese Begegnung mitten im Alltagsgewühl Kraft und Glück. Und beim Abschied ist klar, dass Franzi uns bald wieder besuchen muss.

Brandgefährlich!

Vor Jahren überschattete ein kleiner Tick meinen Alltag. Kaum hatte ich die Haustür zugezogen und war aufs Rad oder ins Auto gestiegen, quälte mich die Frage: Habe ich den Herd ausgeschaltet? Ausnahmslos jedes Mal, wenn ich zur Sicherheit die Tür noch einmal aufgeschlossen und nachgesehen hatte, standen alle Drehschalter auf Null. Wenig später stahl sich nichtsdestotrotz der Verdacht wieder in mein Bewusstsein. Mitten in der Klausur im Studium, in der Schlange am Supermarkt oder besonders den Puls antreibend: auf der Autobahn unterwegs zum Wochenendtrip.

An einen Tag erinnere ich mich, als wäre es gestern gewesen. Mit einem Semesterferienjob im Stadtpark besserte ich unser Studentenbudget auf. Kaum hatte ich mich in Gärtnerklamotten auf den Weg zu meinem beneidenswert schönen Arbeitsplatz gemacht, klopfte der Verdacht in meinem Hirn an: „Du wirst doch den Herd …" Aber ich war knapp mit der Zeit und konnte nicht mehr umdrehen, um sicherzugehen. Beim Unkrautjäten wurde der Gedankenstachel vom Plaudern und Lachen der anderen Ferienjobberin verdrängt. Stunden später schreckte mich das Tatütata der Feuerwehr auf. Da war auch schon das Signal des nächsten Fahrzeugs zu hören, und des übernächsten. Unüberhörbar machte sich ein ganzer Löschzug der roten Ungetüme auf den Weg in die Straße, in der wir wohnten (mein feuerwehrbegeisterter Sohn hätte seine wahre Freude daran gehabt). Mir wurde gleichzeitig heiß und kalt.

Eine Stunde später hatte ich Feierabend. So schnell wie nie zuvor schloss ich mein Fahrrad los und strampelte atemlos nach Hause. Am Eingang zu unserer Straße wollte ein Polizist mich stoppen.

„Ich wohne da hinten!"

Das muss ich wohl mit so viel Engagement vorgebracht haben, dass er keine Widerrede mehr wagte. Zwischen gaffenden Nachbarn, ausgerollten Schläuchen und Kommandos rufenden Feuerwehrmännern schob ich schlängelnd mein Fahrrad in Richtung des alten Fachwerkhauses, in dem wir eine schnuckelige kleine Studentenwohnung angemietet hatten. Als ich aufblickte, sah ich schwarze Rauchwolken – aus dem Dach des Hauses gegenüber steigen. Mir fiel ein Felsbrocken vom Herzen.

Von unserem Vermieter erfuhr ich: Das Heu im Dachstock hatte sich entzündet. Es war niemand verletzt worden, lediglich Sachschaden war entstanden. Ich weiß nicht mehr, wie ich die Treppe hochgekommen bin. Der Herd stand unschuldig und ordnungsgemäß ausgeschaltet an seinem angestammten Platz. Und ich war kaputt, als hätte ich nicht einen, sondern mehrere Tage am Stück gearbeitet. Dieser Schreck war mir so in die Glieder gefahren, dass ich mit bedeutend mehr Engagement als bis dahin daranging, mir meinen Tick abzutrainieren.

Damals war ich noch keine Mama. Heute kenne ich das Gefühl, etwas Wichtiges versäumt zu haben, noch auf einer ganz anderen Ebene.

Nie zuvor habe ich mich so häufig schuldig und ungenügend gefühlt, wie seit der Geburt unseres ersten Kindes.

Es gibt Idealbilder, die uns aus Erziehungsratgebern und Medien wie ein Geist aus der Flasche anfallen und nicht mehr loslassen: Gute Eltern sollten stets liebevoll und konsequent sein. Sie sollen nette Kumpel zum Spielen und bloß keine Spaßverderber sein. Gleichzeitig müssen sie dem Nachwuchs Grenzen setzen. Sie sollen nie ungeduldig oder ungerecht sein. Sie sollen ihren Kindern ein gesundes Selbstbewusstsein und ebenso den Respekt vor den Mitmenschen vermitteln. Sie sollen ihren Kindern viel vorlesen, ihre sportliche und musische Entwicklung unterstützen, sie beim Lesen und Rechnen fördern, und zu jeder Zeit ein offenes Ohr haben. Sie sollen, wenn irgendwie möglich, im Elternrat in der Schule mitarbeiten, bei jedem Wettkampf ihrer Tochter in Leichtathletik und bei jedem Fußballspiel des Sohnes zuschauen, keine Weihnachtsfeier und kein Vorspiel in der Musikschule verpassen. Ihr Zuhause soll dabei jederzeit vor gastfreundlicher Sauberkeit strahlen. Obendrein dürfen sie auf keinen Fall die eigene Karriere vernachlässigen. Gut aussehen und für den Partner attraktiv sein, ist für jede

Mama, die was auf sich hält, selbstverständlich. Das dazugehörige Sportprogramm auch.

Wenn die Realität eine Menge dieser Idealvorstellungen über den Haufen wirft, kann ich als Mama mich schnell als Versagerin fühlen. Und das ist brandgefährlich im übertragenen Sinn. Man muss kein Psychologe sein, um zu erahnen: Es ist am allerwenigsten für die Kinder hilfreich, wenn ihre Mutter dauerfrustriert ist und das Gefühl gepachtet hat, nie zu genügen. Die Pastorin und dreifache Mutter Lena Bergström schreibt über einen Zustand der permanenten Gewissensüberlastung: „Müde und gestresste Eltern müssen sich darüber klar werden, dass Ideal und Wirklichkeit nie übereinstimmen. Bei keiner Familie. Wir brauchen unsere Ideale, aber mit Maßen. Es ist nicht falsch, ein guter Vater oder eine gute Mutter sein zu wollen, aber wenn unsere Ideale zu zahlreich und zu widersprüchlich sind, kommt unser Gewissen nie zur Ruhe."[6]

Und wie kommt unser Gewissen zur Ruhe? Wenn wir unterscheiden lernen: Was sind Schuldgefühle, denen kein echtes Versagen zugrunde liegt, die nur aufgrund überhöhter und unerfüllbarer Ideale entstanden sind. Sie kann ich nur bewältigen, indem ich meine Ideale überprüfe und der Realität anpasse. So wie ich mir abtrainieren kann, mir ständig einzubilden, ich habe den Herd angelassen. (Es geht – ich kann's bestätigen!)

Und was sind andererseits Schuldgefühle, denen tatsächliches Versagen zugrunde liegt. Es gibt schuldhaftes Verhalten – und auch Mütter sind davor nicht gefeit –, das Beziehungen vergiftet und sowohl mir als auch dem anderen schadet. Es gibt einen Umgang mit meinen Emotionen, der die Kinder entmutigt, sie kleinmacht, statt sie wachsen zu lassen. Hier wäre es brandgefährlich, einfach weiterzumachen wie bisher.

Gott bietet uns in der Bibel an: Wenn wir unsere Schuld bereuen und vor ihm bekennen, dann vergibt er uns. Er liebt es, unsere Schuld zu vergeben, weil er in unserem Herzen Platz schaffen möchte für Liebe und Frieden und Gelassenheit. Das geht nicht mit einem Fingerschnippen. Es ist ein Weg, den der himmlische Vater mit uns gehen will. Je weniger ich mich von falschen Schuldgefühlen knebeln und gängeln lasse, desto mehr Kräfte werden frei, um das zum Guten zu verändern, was wirklich in meiner Macht steht.

Also – lieber eine wirkliche Schuld bekennen

und an diesem Punkt in meinem Leben Verän-
derung suchen, als mein Gewissen permanent
von falschen Idealbildern lahmlegen zu lassen.

Dieses Gebet kann ein erster Schritt sein:

Lieber himmlischer Vater,
    du kennst mich wie ich bin.
Du siehst nicht nur meine Schokoladenseiten.
Vor dir kann ich nichts verbergen.
Und doch gilt: Du liebst mich.
Du liebst mich wirklich.
Du liebst unsere Kinder.
Du liebst uns als Familie.
Und du hast mir diese wunderbaren Menschen
    anvertraut.
Danke, dass ich mit meinem Gefühl,
    so oft nicht zu genügen, in dir geborgen sein
    darf.
Hilf mir, meine Vorstellungen und Schuld-
    gefühle zu sortieren.
Zeige mir, wo ich mich an Idealen messe,
    die dem Leben nicht gerecht werden.
Hilf mir, mich frei zu machen
    von unguten Antreibern, vom Vergleichen
    mit anderen und von unbarmherzigen
    Ansprüchen.
Befreie meine Gedanken durch deine Wahrheit.

Hilf mir, barmherzig mit mir selbst zu werden,
   mich zu lieben, so unvollkommen wie ich bin.
Denn in deinen Augen bin ich wertgeachtet.

Beim Sortieren wird mir bewusst, wo ich
   wirklich Schuld auf mich geladen habe.
Ich war ungeduldig und gereizt. Ich habe die
   Kinder zur Abfuhr meiner eigenen Frustration missbraucht. Wieder einmal habe ich
   mir zu viel vorgenommen und dabei das
   verpasst, was wirklich wichtig ist.
Bitte vergib mir.
Bitte bewahre mich davor, Fehler zu machen,
   die den Kindern schaden.
Ich möchte deine Liebe empfangen und sie
   weitergeben an meine Familie.
Danke, dass du mir zutraust, eine gute Mutter
   für meine Kinder zu sein. Und dass du mir
   auf diesem Wachstumsweg all das geben
   willst, was ich brauche.
Amen

Ein Sch(m)atz in der Nacht

Der kunterbunte Familientag mündet in den ganz normalen „Abendwahnsinn". In Kinderzimmer Nummer eins in Form von verbalem Schlagabtausch: „Ich hab aber keinen Bock, mein Zimmer aufzuräumen!" – „Hast du heute schon Flöte geübt?" – „Och Mannnn!" – „Putz dir jetzt bitte die Zähne!" – „Darf ich noch Yakari kucken?" – „Heute sind wir zu spät dran. Vergiss die Zahnklammer nicht!"

Beim Betreten von Kinderzimmer Nummer zwei kann ich mir einen Seufzer nicht verkneifen. Unser Kurzer hat unter Spielen mal wieder verstanden, sein komplettes Reich auf den Kopf zu stellen. Er nennt das Großbrand. Das Playmobil-Feuerwehrauto wird mit roten Gefährten aus der Autokiste zu einem ganzen Löschzug erweitert. Alle weiteren verfügbaren Autos, Legosteine, Kuscheltiere, Papierschnipsel und Puzzleteile müssen für das Tohuwabohu herhalten, das von drei Feuerwehrrettungsleitern überragt wird. Unzählige aufgeschlagene Bilderbücher bedecken den Rest des Fußbodens. Wie ich ihn schließlich dazu kriege, sich seiner Müdigkeit entgegenzustemmen und die verstreuten Autos in die Autokiste einzusammeln, ist mir selbst ein Rätsel. Lego fliegt in die Legokiste. Das Zurückstellen der Bilderbücher übernehme ich. Das Entsorgen des Papiermülls auch. Nach einer Viertelstunde ist ein Zustand hergestellt, in dem Joshua die Nacht verbringen kann. Jetzt noch Zähne putzen, umziehen, lüften und dann der gemeinsame Abendabschluss im Wohnzimmer. Als endlich beide Kinder im Bett sind, sinke ich aufs Sofa und widerstehe nur mit starkem Willen dem Griff zur Fernbedienung. Unglaublich, wie viel Kraft Kinder kosten können. Ich bin heilfroh, dass noch ein bisschen Abend übrig ist, wenn sie sich ins Reich der Träume verabschiedet haben.

Bevor ich selbst zu Bett gehe, mache ich noch eine Stippvisite in beiden Kinderzimmern. Unser Sohn liegt verstrubbelt und zerwühlt kreuz und quer in seinem „Zwergenbett". Als ich ihn aus dem Gewurstel seiner Bettdecke befreie, seinen Kopf wieder aufs Kissen und seine Füße Richtung Fußende lege, wacht er kurz auf. Schlaftrunken streckt er mir seine Ärmchen entgegen. In der Umarmung fühle ich seine weichgekuschelte Haut und höre sein leises: „Ich hab dich lieb!" Er beschenkt mich mit einem feuchten Schmatz – so als hätte er mir nicht vor Stunden schon einen Gute-Nacht-Kuss gegeben. Mich erfüllt warmes Glück. Es berührt mich tief im Herzen, von diesem lebhaften und drolligen kleinen Menschen geliebt zu werden. Das wiegt bei Weitem allen Feierabendwahnsinn auf.

Unsere Tochter sammelt allerlei Kostbarkeiten in kleinen Schatzkistchen. Ich will mich von ihrer Schätze-Sammel-Wut anstecken lassen. Nein, ich sammle keine Steine und Glitzerperlen. Aber in meinem Herzen sammle ich solche kostbaren Momente, in denen die Einzigartigkeit und Liebe meiner Kinder mich tief in der Seele berührt. Diese Schätze machen wirklich reich – viel reicher, als wenn ich mir allen Kindererziehungsstress ersparen würde. Sammeln Sie mit?

Oktopus-Sehnsucht

„Mamaaaa!" – unüberhörbar dringt der Ruf aus der Richtung des stillen Örtchens an mein Ohr. Unser Dreijähriger hat sein großes Geschäft fabriziert. Während ich abwische, fordert er mich (als späte Nachwirkung des Ohne-Windel-Trainings) auf: „Du kannst sagen: Ich bin stolz auf dich!" Ich muss schmunzeln und anerkennende Worte kommen ganz von selbst über meine Lippen. Die Drittklässlerin hat eine Frage bei den Mathehausaufgaben. Noch bevor ich die Antwort geben kann, klingelt das Telefon. Der Handwerker schafft es nicht rechtzeitig und fragt, ob er zwei Stunden später kommen kann. Zu diesem Zeitpunkt bin ich allerdings mit den Kindern beim Zahnarzt vorgemerkt. Das Essen auf dem Herd riecht verdächtig angebrannt. Es klingelt an der Haustür. Eine Nachbarin bringt das Paket, das sie heute Vormittag für uns angenommen hat. Aus dem Kinderzimmer höre ich frustriertes Heulen. Das fast fertiggestellte Bügelperlen-Herz ist auf den Boden gefallen. Die Perlen sind auf dem ganzen Fußboden verteilt.

Manchmal wünschte ich mir, Gott hätte sich Mütter mit zehn Armen und zehn Händen ausgedacht. Die fehlenden acht könnten doch während der Schwangerschaft dazuwachsen. Mit dieser Oktopus-Ausstattung könnte man gleichzeitig im Suppentopf rühren, mit der Arztpraxis telefonieren, bei den Hausaufgaben assistieren, den umgekippten Saft aufwischen und Bügelperlen aufsammeln. Oder wahlweise das Baby trösten, mit dem Kindergartenkind puzzeln und nebenbei noch ein berufliches Meeting per Telefonkonferenz bewältigen und die Einträge im Kalender machen. Ja warum eigentlich nicht? Er muss sich etwas dabei gedacht haben.

Darin, dass Gott uns keine zehn Hände zugedacht hat, steckt die Botschaft: Er wollte keine multitaskingfähige, ständig beschäftigte Alleskönner-Super-Mutti. Er schenkt uns Zeit und Kraft und Liebe – aber eben nur für 24 Stunden an sieben Tagen pro Woche. Er schenkt uns so viel Kraft und Nerven, wie man mit zwei Händen und einem Herzen aufbringen kann. Wir dürfen Grenzen haben.

Wenn wir alles könnten, was wir wollten und was andere in Form von Bedürfnissen und Wünschen an uns herantragen – Hand aufs Herz –, dann würden wir noch mehr hetzen und uns noch mehr in den Tag packen. In unserer Begrenzung liegt die Chance, dass wir lernen, gute Entscheidungen zu treffen und Prioritäten zu setzen, dass wir den Wald der Erwartungen ausforsten und im Stehenlassen von Lücken barmherzig werden mit uns selbst und anderen. Nebenbei buchstabieren unsere

Kinder, was es heißt, zu warten, Verständnis zu haben, nicht alle Wünsche erfüllt zu bekommen – auch wenn das manchmal ein mühsamer Weg ist. Und daran, dass ihre Eltern keine Alles-gleichzeitig-super-Könner sind, lernen sie, gut mit ihren eigenen Gaben und Grenzen zu leben.

Alles in allem bin ich doch froh, dass ich keine Oktopus-Mutter sein muss.

Urlaub – mehr als einmal anders

Alles war bestens vorbereitet. Die gemütliche Ferienwohnung auf einem Pferdehof war wie geschaffen für uns. Unsere Tochter hatten wir zum Reiten angemeldet. Ihr Bruder freute sich darauf, Traktoren zu bewundern und im Watt und am Meer zu spielen. Die Varianten Grün- und Sandstrand waren zu Fuß oder per Drahtesel zu erreichen. Herrlich flache Radwege bestätigten unsere Entscheidung, das Auto mit den eigenen Fahrrädern beladen zu haben. Unzählige Spielkameraden für unsere Kinder bevölkerten den idyllischen Urlaubshof. So stand einer entspannten Zeit auch für uns Eltern nichts im Wege – dachten wir zumindest.

Zuerst entschied unser Sohn, trotz späterem Schlafengehen mindestens eine bis zwei Stunden früher aufzuwachen als zu Hause. Mit dem mitgebrachten Spielzeug ließ er sich zwar noch bis zu einer menschenwürdigen Aufstehzeit für uns Eltern hinhalten. Aber kaum waren wir noch einmal eingedöst, fiel er beim Klettern vom Stockbett und brüllte aus Leibeskräften. Oder sein Feuerwehrauto kam ohrenbetäubend zum Einsatz. Weitere ruhestörende Varianten waren: Er brauchte Hilfe beim Toilettengang. Seine gewagte Lego-Konstruktion krachte auf den Laminatboden. Er drehte seine Hörspiel-CD auf Nichtzimmerlautstärke. Jedenfalls gingen ihm die Einfälle, sich lautstark bemerkbar zu machen, nicht aus.

Die große Schwester war über diese gefühlte mitternächtliche Ruhestörung „not amused" und erschien mit entsprechender Laune zum Frühstück. „Ich will aber kein Brötchen! Haben wir kein Müsli?!" Tagelang ließ unser Nachwuchs keine Gelegenheit aus, sich zu streiten. Ob das nun dem Abbau des Schulstresses oder dem Schlafdefizit geschuldet war, lässt sich nicht ausmachen. Aber es herrschten praktisch dauernd miese Stimmung und Machtkampf. Unbeschwerte Urlaubsatmosphäre? Pah. Sie wollte auch nicht annähernd aufkommen.

Dazu kamen die üblichen Komplikatiönchen wie: Kaum hatte ich die Beine hochgelegt und angefangen, mich in meine Urlaubslektüre zu vertiefen, fiel ein Glas um, musste ein aufgeschlagenes Knie verarztet oder die Frage beantwortet werden: „Krieg ich ein Eis?" Wollten wir mal ein Stück spazieren gehen, meckerte unsere zweiköpfige Kinderschar wie eine ganze Herde Ziegen. Gönnten wir uns ein köstliches Eis, fiel es bestimmt in den Sand oder tropfte nach spurenreicher Kinnüberquerung zielsicher und klebrig aufs T-Shirt. Ein Unfall und Krankenhausaufenthalt in der Verwandtschaft erforderte mehrere Telefonate und Entscheidungen. Erholung, ade!

Wehmütig dachte ich daran zurück, wie unsere Urlaube früher einmal waren: Stundenlanges Radfahren wurde abgelöst von stundenlangem „Durschwarten" dicker Schmöker, von stundenlangem Schwelgen in der schönen Natur oder einer sehenswerten Stadt, von stundenlangem Genuss köstlichen Essens und dem dazugehörigen Wein, was wiederum von stundenlangen Verdauungsspaziergängen und ausgiebigem Ausschlafen abgerundet wurde. Und mir fiel der Spruch einer lieben Freundin ein: „Urlaub mit kleinen Kindern ist Alltag unter erschwerten Bedingungen." Eine Erkenntnis, die nichts beschönigt, aber gerade deshalb irgendwie tröstlich ist.

Ja, bei genauer Betrachtung hat mein Urlaub heute viel mehr mit meinem Alltag zu tun als früher. Die Menschen, für die ich im ganzen Jahr Kraft und Nerven brauche, nehme ich in den Urlaub mit. Und vermutlich ist es genau das, was das Empfinden von wirklichem Abschalten und lupenreiner Erholung untergräbt. Aber selbstmitleidiges Träumen von früher half mir auch nicht weiter. Ich wollte mich nicht der Enttäuschung geschlagen geben, sondern das Beste aus den Tagen an der See machen. Da begegnete mir ein altbekannter Bibelvers. Der Apostel Paulus schreibt: „Ich kann ganz bescheiden leben, ich kann aber auch den Überfluss annehmen. In jeder Lage, ja, in allen Umständen kann ich mich zurechtfinden: Sattsein oder Hungern, im Überfluss leben oder Mangel erleiden. Ich bin zu allem fähig durch den, der in mir mit seiner Kraft wirkt" (Philipper 4,12.13; B)

Ist das nicht ein regelrechter Kardinalvers fürs Elternsein? Familienleben bewegt sich ständig zwischen Überfluss und Mangel. Mein Leben ist so unvergleichlich reich durch meine Familie. Ich würde meine Kinder nicht für alle Erholung und Unabhängigkeit der Welt eintauschen wollen. Auch wenn es stimmt, dass eine Menge anderer Bedürfnisse zu kurz kommt, solange die Kinder klein sind. Das kann sich wie schmerzhafter Mangel und Durst nach Regeneration anfühlen. Aber ich darf mich mit meinen Bedürfnissen, meinem Gefühl von Überforderung, meiner Sehnsucht nach Kraft an den himmlischen Vater wenden. Er ist mir nahe, wenn ich nach Entspannung „hungere". Er will mir Oasen schenken und mir Kraft zum Durchhalten geben, wenn keine in Sicht ist. Und er will mir die Augen für das Glück öffnen, damit es von der Erschöpfung nicht verdrängt wird.

Also entschied ich bewusst: Ich will mich nicht um die Enttäuschung meiner Erwartungen drehen, sondern die Situation annehmen, wie sie jetzt ist. Dazu ist es gut, mir das Schöne und Wertvolle meiner jetzigen Urlaubsart bewusst zu machen. Mit dieser veränderten Sichtweise entdeckte ich so manches Schöne:

fröhliches Kinderlachen in der Spielscheune, während wir unsere köstliche Torte im Bauerncafé genossen; begeisterte Kinder auf geduldigen Reitpferden; fantastisches Wetter – an der Nordsee keine Selbstverständlichkeit; strahlende Kinderaugen am Strand oder beim Beobachten der Tiere auf einer Wattwanderung; ausgiebiges Nordic Walking hinter dem Deich bei untergehender Sonne – und das Glück, dies alles mit den Menschen zu erleben, die ich liebe.

Spätestens auf der Rückreise waren wir uns alle einig: Den nächsten Urlaub verbringen wir wieder auf diesem Hof.

Danke, Anke

Ferienende. Irgendwie unerholt und etwas bedröppelt vom holprig verlaufenen Urlaub starte ich in den Alltag. Was soll's? Das Leben geht weiter. Kühlschrank und Obstkorb müssen aufgefüllt werden. Ich mache mich auf den Weg.

Zwischen Einkaufswagen und Warenregal treffe ich Anke. Wir sehen uns selten, aber wenn, dann sind es kostbare Begegnungen. Sie fragt, wie der Sommer bei uns war, und ich berichte mittelmäßig begeistert vom Urlaub. Dann stelle ich die Gegenfrage. Ankes Familie konnte nicht wegfahren. Bei ihrer Tochter, die an einer schweren Epilepsie leidet, war eine Medikamentenumstellung nötig geworden. Leider hat sie nicht die erwünschte Verbesserung gebracht. Ihre jüngere Tochter wollte zu einer Reitfreizeit fahren. Da brach sie sich kurz vor der Abreise den Unterarm und die Reise musste ausfallen. Obendrein sind die Kaninchen der Kinder erkrankt und erfordern Pflege und Tierarztbesuche. Aber, so Anke glaubwürdig, es gehe ihnen gut. Sie erleben auch ohne Urlaubsreise so viel Wertvolles und Gutes.

Während ich ihr zuhöre, geschieht etwas in meinem Herzen. Von Anke geht ein Frieden aus. Sie hat ein Ja zu dem, was von außen gesehen wie eine Last erscheint. Und sie hat Augen für das, was ihr Leben wirklich reich macht. Geradezu greifen kann ich die aufrichtige Liebe, die ihre Familie trägt.

Durch diese Herzensbegegnung erinnert Gott mich mal wieder daran: Es ist nicht die Komplikationslosigkeit, die er mir verspricht, wenn ich mein Leben im Vertrauen auf ihn lebe. Es ist der Friede – mitten im Auf und Ab meines Alltags. „Meinen Frieden gebe ich euch; einen Frieden, den euch niemand auf der Welt geben kann. Seid deshalb ohne Sorge und Furcht!" (Johannes 14,27b). Das verspricht Jesus Christus seinen Jüngern kurz vor der schwersten Zeit ihres bisherigen Lebens.

Dieser Friede wirkt gerade dann, wenn außen „der Sturm" tobt. Ich mag das hebräische Wort Shalom. Es hat in seiner Bedeutung viele Facetten. Es meint, dass meine Beziehung zu Gott heil und lebendig ist. Und auf der Basis dieser Liebesbeziehung zu Gott kann ich mit mir selbst Frieden schließen und auch mit meinen Mitmenschen. Ich kann mein Leben mit seinen Möglichkeiten und Grenzen annehmen, weil ich zutiefst weiß: Gott begegnet mir mitten in meinen Umständen. Er hält mich, er liebt mich und nicht selten trägt er mich durch.

Wie vergesslich ich oft bin. Wie kleinkariert und unzu-friede-n in meinen Gedanken und Gefühlen ich werden kann, wenn ich diese Wahrheit ausblende. Wie gut, dass er, der mein Leben lenkt, viel Fantasie hat, mich an seine Fürsorge und seinen Frieden zu erinnern. Danke Gott. Und danke, Anke – einfach dafür, dass du bist, die du bist.

Herr, du gibst Frieden dem,
der sich fest an dich hält
und dir allein vertraut!
(Jesaja 26,3)

Keine falsche Scham

Jahrelang haben wir uns nicht gesehen. Meine Freundin ist in der Zwischenzeit dreifache und ich bin zweifache Mutter geworden. Sie lebt mit ihrer Familie in Dänemark und arbeitet dort als Lehrerin. Während unsere Männer sich um die Rasselbande kümmern, können wir zwei uns für einen Spaziergang durch den Winterwald ausklinken.

Ich komme ins Erzählen – von den Stolpersteinen, die unserer Tochter den Einstieg in ihre schulische Laufbahn erschwert haben. Von unseren Erlebnissen mit verschiedenen Lehrkräften und von wertvoller Förderung, die wir in Person einer Motopädin gefunden haben. Spontan geäußerte Kommentare von Linda vermitteln mir eine bessere Sicht auf die Perspektive der Lehrerin.

Später schreibt sie mir, wie wertvoll sie es findet, dass ich ihr von unseren Schwierigkeiten erzählt habe. Nach ihrer Erfahrung haben Mütter es oft schwer, über Probleme und Sorgen zu reden, die mit der Entwicklung ihrer Kinder einhergehen. Allzu oft führe eine falsche Scham dazu, dass Mütter letztlich mit dem, was sie bedrückt, furchtbar allein bleiben. Dann fügt sie noch an: „Das muss aber nicht so bleiben! Schreib doch darüber mal was." Recht hat sie!

Scham würde ich es nicht direkt nennen. Aber einen Anflug von deprimierter Hilflosigkeit kann ich schon nachvollziehen, wenn ein Kind mit den durchschnittlichen Anforderungen nicht klarkommt. Auch das Gefühl „Erde, tu dich auf!" ist mir nicht unbekannt, wenn Kinder sich ganz anders verhalten, als es unseren Erziehungszielen entspricht. Gedankenlos hingeworfene Urteile („Das kann ich überhaupt nicht verstehen, dass ein Kind sich so benimmt!") machen die Sache nicht leichter. Eltern können sich gegenseitig das Leben manchmal ziemlich schwer machen.

Aber sie können einander auch aufbauen. Zum Beispiel wenn wir eine oder zwei Freundinnen haben, mit denen wir offen über das reden können, was uns im Blick auf die Entwicklung unserer Kinder Sorgen macht. Wenn wir uns gegenseitig nicht mit der Fassade eines vorbildlichen Familienlebens zu beeindrucken versuchen, können wir stattdessen einen ehrlichen Einblick gewähren. Manchmal tröstet es schon, zu hören, dass die andere Familie auch ihre Kampffelder und Schwierigkeiten hat. Ein anderes Mal hat mein Gegenüber für meine Situation einen Geistesblitz, auf den ich selbst nicht gekommen wäre. Ich entdecke durch die Erfahrung der anderen Mutter eine Fördermöglichkeit, die mir ohne dieses Gespräch entgangen wäre. Und schließlich tut es oft einfach gut, Verständnis statt Verurteilung zu erfahren, einander den Rücken zu stärken und zum Durchhalten zu ermutigen.

Mit einer anderen Freundin, die in der Nähe wohnt, treffe ich mich möglichst einmal im Monat, um noch mehr Verbundenheit zu üben, als nur uns die Dinge mal von der Seele zu reden. Wir erzählen uns nicht nur gegenseitig unsere Sorgen, sondern geben sie danach gemeinsam im Gebet an Gott ab. Gerade bei Problemen, die wir selbst nicht aus eigener Kraft bewältigen können, tut es unwahrscheinlich gut, auf die Worte von Jesus zu vertrauen: „Wenn zwei von euch auf der Erde gemeinsam um irgendetwas bitten: Mein Vater im Himmel wird ihnen ihre Bitte erfüllen." (Matthäus 18,19; BaB)

Jäh ausgebremst

Zum Kindergarten brechen wir heute pünktlicher auf als üblich. Vorher noch ein Blick in den Spiegel: Sitzt die Frisur und der Blusenkragen? Seit Wochen steht für den heutigen Tag ein Termin im Kalender: Beratung bei der Akademikervermittlung der Agentur für Arbeit. Ich bastle an einem beruflichen Wiedereinstieg nach der Familienphase, der sich komplizierter gestaltet als erwartet. Meine letzten sechs Monate waren angefüllt mit unendlicher Recherchezeit im Internet, hoffnungsvollen Vorstellungsgesprächen, die leider doch nicht zu einer Anstellung führten, einem riesigen Bürokratieberg und letztendlich der Entdeckung einer Menge Sackgassen. Vom Akademikervermittler bekomme ich Tipps, die ich auch auf der Straße hätte finden können: Die Taktzahl meiner Bewerbungen könne ich erhöhen, neue Jobportale durchsuchen, ach ja – die Möglichkeiten einer finanziellen Förderung des eventuell angedachten Aufbaustudiums müsse ich schon selbst im Internet recherchieren. Um die Erkenntnis reicher, dass auch als kompetent gepriesene Berater nicht immer der Weisheit letzten Schluss parat haben, verlasse ich die Agentur mit einer unendlichen Liste von Links, die zu weiteren Links, diese wiederum zu Infos über noch mehr Links führen. Die Welle an Information, die irgendwo im Internet wabert und von mir aufgestöbert werden müsste, schlägt mitsamt der Frustration über das fruchtlose Gespräch über mir zusammen.

Die Zeit, mich zu fragen, wann ich die vielen Recherchen und Bewerbungen mit meiner restlichen Schreibtischarbeit unter einen Hut bringen soll, habe ich erst einmal nicht. Jetzt ist Abholzeit im Kindergarten. Mein Sohn, der mir sonst fröhlich entgegenspringt, liegt auf dem Sofa in einer ruhigen Ecke. Seine Augen glänzen verdächtig, sein Mund formt ein auf den Kopf gestelltes U. Da weint er auch schon los: „Mama, ich musste grade spucken!" Die liebevolle Erzieherin ergänzt: Sie habe mich nur deshalb nicht angerufen, weil ich schon auf dem Weg hierher war.

Eine Stunde später habe ich zu Hause eine Folgeladung Gespucktes vom Fußboden gewischt, bei der nächsten Episode rechtzeitig die Schüssel gehalten, die Waschmaschine beladen, Tränen getrocknet, zum Trost gekuschelt und das schönste Feedback der Welt genossen: „Mama, das ist so schön, wenn du meinen Rücken streichelst." Nun liegt unser „großer kleiner Mann" schwer atmend mit gelblicher Gesichtsfarbe zwischen seinen Kuscheltieren und schläft in Richtung Genesung.

Ich sinke auf den Küchenstuhl und lasse bei einer guten Tasse Kaffee meine Gedanken wandern. Oft bin ich in solchen Momenten, wenn der „Vorgesetzte namens Krankheit" meine eigenen Pläne über den Haufen wirft, erst einmal deprimiert über das, was liegen bleibt und später im ohnehin vollen Tagesplan auch noch irgendwie untergebracht werden muss.

Diesmal – ein paar Stunden nach dem Vergeblichkeitsfrust im Beratungsgespräch – ist es anders. Irgendwie empfinde ich Sinn und Getrostsein. Es ist gut, wie es ist. Ich bin hier richtig. Egal, was kommt. Ob meine familiär bedingt erworbenen Kompetenzen mich letztlich auch beruflich weiterbringen oder ob sich die Familienzeit ungünstig auf meine berufliche

Zukunft auswirkt – tief im Herzen weiß ich: Die Zeit, die ich mir für die Kinder genommen habe, werde ich nie bereuen.

Beruf ist nicht alles. Geld auch nicht. Es ist so kostbar, mit Kindern zu lachen, zu lernen und sie groß werden zu sehen und – ja auch – das glühende Gesicht zu kühlen, das zarte Händchen unseres temperamentvollen Rabauken zu streicheln, seine Tränen zu trocknen, sein erleichtertes Lächeln zu sehen, wenn es langsam aufwärtsgeht. Nach meinem Maßstab dafür, was das Leben lebenswert macht, ist diese Erfahrung unbezahlbar. Beim Thema Stellensuche lass ich mich nicht unterkriegen, aber morgen ist auch noch ein Tag. Bis dahin machen meine Bewerbungsunterlagen auf dem Schreibtischberg Pause. Wie schön, dass Büromöbel geduldig sind.

Prioritäten in Kindermanier

Wie fast jeden Nachmittag trete ich an den Schreibtisch unserer Tochter, um ihre Hausaufgaben zu überprüfen. „Hast du den Deutschtext selbst noch mal korrigiert und findest keinen Fehler mehr?" Ein Nicken als Antwort lässt mich starten. Innerhalb weniger Minuten habe ich neun Fehler entdeckt, die Anna pflichtbewusst verbessert.

In mir grummelt es. Ich bin ärgerlich. Ich weiß, sie kann das besser. Ich weiß auch: Seit Wochen ist sie wegen der bevorstehenden Klassenfahrt aufgeregt. Heute kommt noch ein Vorhaben im Schwimmverein dazu. Schwimmen, Tauchen und Baderegeln für das Silberabzeichen hat sie schon in der Tasche. Seit zwei Wochen müht sie sich vergeblich, sich den ersten Sprung vom Dreimeterbrett zuzutrauen. Ihr Kopf ist zur einen Hälfte auf Klassenreise und zur anderen auf dem Sprungturm im Schwimmbad. Da sag noch einer, das weibliche Geschlecht sei multitaskingfähig. Ob das auch für zehnjährige zukünftige Frauen gilt? Oder stimmt doch, was ich neulich in der Zeitung gelesen habe: Wirkliches Multitasking kann das menschliche Gehirn gar nicht leisten; alles, was wir zustande bringen, ist, die Dinge sehr schnell nacheinander zu erledigen. Der Versuch, alles gleichzeitig zu tun, führt zu oberflächlicher unkonzentrierter Beschäftigung mit Aufgaben, letztlich zu unseliger Aufsplittung von Aufmerksamkeit.

Damit sind wir wieder bei den Hausaufgaben, die in der Zwischenzeit berichtigt sind. Offensichtlich war der kindliche „Arbeitsspeicher" heute für konzentriertes Arbeiten nicht ausreichend. Wir brechen zum Schwimmbad auf. Ich versuche, Annas Erwartungen an sich selbst zu dämpfen: „Wenn du es heute nicht schaffst, ist das kein Weltuntergang! Dann schaffst du das Silberabzeichen bei der nächsten Runde. Du bist ja noch gar nicht lange im Schwimmverein. Mach dir keinen Druck!"

Das Abholen eine Stunde später übernimmt der Papa, während ich die warme Stärkung vorbereite. Da stört mich ein Anruf beim Kochen und ich erfahre voller Begeisterung: Anna ist kurzerhand an den Rand des Sprungbrettes getreten und einfach gesprungen. Anschließend hat sie es im Schwung der Glückshormone noch dreimal wiederholt.

Zwanzig Minuten später kann ich ein frisch geföntes, glückliches und stolzes Mädchen in die Arme schließen. „Mama, ich wollte das Silberabzeichen unbedingt schaffen, bevor wir auf der Klassenfahrt gemeinsam ins Wellenbad gehen! Nähst du mir heute noch den Aufnäher auf den Badeanzug? Bitteeee!"

Beim Hantieren mit Nadel und Faden blicke ich versöhnlich zurück auf den heutigen Hausaufgabenfrust. Unser Mädchen hat sich offensichtlich so sehr auf sein selbst gestecktes Ziel konzentriert, dass für die Konzentration auf deutsche Rechtschreibregeln keine Kapazitäten mehr frei waren. Ich bin stolz auf meine Tochter. Ich bewundere, wie sie mit starkem Willen ihre Angst besiegt hat, um zu erreichen, was sie sich vorgenommen hat. Und mir schwant: Dieser Wille und die Kunst, sich selbst zu überwinden, sind für ein gelingendes Leben langfristig wichtiger, als dass jede Leistung im Grundschulalter mit Bestnote bewertet wird. In mir wächst das Vertrauen: Sie wird auch andere Herausforderungen bewältigen. Und ich will noch mehr lernen, als Erziehende nicht zu sehr Richtung und Tempo vorzugeben, sondern die Lernschritte zu begleiten, die aus der Kinderseele selbst entspringen. Rechtschreibregeln zu üben bleibt uns zwar nicht erspart. Aber die sind auch nur „das halbe Grundschülerleben".

Slow Food als Schnellimbiss

Es sollte das schöne Ausrufezeichen zum Urlaubsabschluss werden. So ein bisschen nachgeholtes Geburtstagsessen und romantischer Abend zu zweit. Den Tag über hatten wir als Familie mit den Rädern auf einer ehemaligen Bahntrasse genossen – inklusive Fledermaus-Radfahrer-Tunnel, Pause auf einem Spielplatz und gemütlichem Milchschaum-Löffeln im Café. Für den Abend hatte die liebevolle Leih-Oma aus der Nachbarschaft den Kinderhütedienst zugesagt. Gemeinsam mit dem Mann, den ich liebe, freue ich mich auf den Abend in einem besonderen griechischen Restaurant ein paar Orte weiter. Ein schmackhaftes mediterranes Buffet erwartet uns bei passend südländischem Wetter. Das Handy lassen wir zur Sicherheit angeschaltet. Aber was soll schon passieren – der Jüngste ist fast fünf und liebt die Leih-Oma heiß und innig.

Noch ist kein Tisch frei, also drehen wir eine gemütliche Runde zu Fuß, bis wir unseren reservierten Platz im vollbesetzten Restaurant einnehmen können. Ein erster Gang zu den Vorspeisen lässt uns das Wasser im Mund zusammenlaufen, weckt die Vorfreude auf einen ausgiebigen Abend zu zweit. Endlich mal ein Gespräch ohne Unterbrechungen führen! Und beim Restaurantbesuch nicht gleichzeitig Kinder erziehen! Scampi, Oliven, überbackene Auberginen munden hervorragend. Nur so zur Sicherheit steckt Rüdiger das Telefon in die Hemdtasche, falls wir es im fröhlichen Geräuschpegel unzähliger Mitgenießer nicht hören, falls es doch klingelt.

Als mich der zweite Gang der Vorspeise auf meinem Teller anlacht, stellen wir perplex fest: Das Handy vibriert tatsächlich. Mit meinem etwas altertümlich anmutenden Tastentelefon am Ohr verlasse ich das von Geplauder erfüllte Restaurant. Draußen verstehe ich vor lauter Weinen am anderen Leitungsende erst mal gar nichts. Dann bekomme ich mit: Unser Kurzer hat Bauchschmerzen und Durchfall. Er weint, die Mama solle nach Hause kommen.

Ich kann es im ersten Moment gar nicht glauben. Gerade erst haben die Kinder begeistert getobt, als die Nachbarin das Haus betrat. Mein Bauchgefühl sagt mir: So richtig krank ist unser Kurzer nicht. Nur furchtbar erschöpft und hoffnungslos aufgedreht. Aber wenn die Leih-Oma sich entscheidet, uns anzurufen, dann will ich sie nicht hängen lassen. Ich verhandle mit meinem Sohn, dessen Tränen schließlich versiegen, und verspreche, dass wir in einer halben Stunde nach Hause kommen. Wir gönnen uns noch einen Hauptgang. Von Gönnen kann man allerdings kaum sprechen – als wir aufbrachen, waren wir zwar satt, aber genießen hatten wir das Essen nicht mehr können. Als ich die Haustür öffne, dringen flotte Flitzeschritte aus der Kinderzimmeretage an mein Ohr. Wir werden fröhlich begrüßt, die Bauchschmerzen sind verschwunden und nach weniger als 15 Minuten ist unser Sohn in tiefen Schlummer gesunken. Die Große hat sich ihre Lieblings-CD zum Einschlafen eingelegt. Geplättet und enttäuscht sinken wir zu zweit auf die Couch und stellen fest: Die Kinder nehmen es nicht einmal wahr, dass sie uns den ganzen Abend verdorben haben.

Während ich am nächsten Tag den Übernachtungsbesuch unserer Tochter bei einer Freundin plane, kann ich mich des Gedankens nicht erwehren: „Für die Kinder reiht sich in den Ferien ein schönes Erlebnis ans andere. Unser schönes Erlebnis als Paar wäre das Essen gestern Abend gewesen …" Ich spüre, wie sauer, frustriert und enttäuscht ich immer noch bin.

Kann ich wirklich den Kindern die Schuld an

dem verpatzten Candle-Light-Dinner geben? Was konnten sie tatsächlich beeinflussen und was war einfach ihrer Erschöpfung geschuldet? Während der Hausarbeit lässt mich das Thema nicht los. Und mir wird klar: Mein Ärger macht nichts besser. Die Vergangenheit kann ich nicht mehr ändern – aber die Gegenwart und die Zukunft. Ich ringe mich dazu durch – wie schon so oft – das anzunehmen, was nun mal zu meinem Leben gehört. Und das beinhaltet in diesem Fall: Ob die Kinder nun Schuld haben oder nicht, es tut weder ihnen noch mir gut, wenn ich sie ihnen nachtrage. Ich will ihnen vergeben, was schiefgelaufen ist, und selbst wieder frei werden von dem Grauschleier auf meinem Herzen.

Ein Tag wie dieser ist kein Einzelfall. Mir geht es als Mutter immer wieder so. Kinder sind keine Engel. Sie können ganz schön durch unser Leben fegen, unsere Vorstellungen über den Haufen werfen, unsere Erwartungen torpedieren, uns durch Bemerkungen verletzen oder durch ihr Verhalten an unseren „Nerven sägen". Nicht selten stehen sie unserer Selbstverwirklichung im Wege. Wie groß der Anteil an Schuld dabei ist und was einfach ganz normal zum Kinderleben gehört, ist nicht so wichtig.

Wichtig ist, dass wir als Eltern nicht bei dem stehen bleiben, was uns enttäuscht, frustriert, vielleicht sogar verletzt. Sondern dass wir einen Ausweg aus diesen Sackgassen-Gefühlen kennen. Und der lautet Vergebung. So wie wir Eltern Fehler machen und der Vergebung durch unsere Kinder bedürfen. So gibt es auch einiges, was wir Eltern unseren Kindern zu vergeben haben, um ihnen immer wieder frei begegnen zu können. Vergebung ist ein Lebenselixier fürs Familienleben.

Neulich fragte unser Kurzer auf dem Heimweg vom Kindergarten tatsächlich: „Mama, was ist eine Nervensäge?" Und ich war nicht eine Sekunde in der Gefahr, mit einem einsilbigen Personalpronomen zu antworten, sondern erklärte schlicht, wie das Kind, das den Begriff gebraucht hatte, es gemeint haben könnte. Über die innere Freiheit meiner Antwort war ich selbst glücklich.

„Wenn du einem Menschen vergibst,
dann lässt du einen Gefangenen frei,
aber dann entdeckst du,
dass der wirkliche Gefangene
du selber warst."
(Lewis Smedes)

Rezeptfrei gegen Elternängste

Eine Klassenfahrt wirft ihre Schatten voraus, die erste richtig große in der Schulkarriere unserer Tochter. Eine Übernachtung im Nachbarstädtchen in der zweiten Klasse zählt nicht so richtig. Diesmal werden es ganze fünf Tage sein, rund 400 Kilometer entfernt auf einer autofreien Nordseeinsel. Das fordert dem Willen der Eltern, ihre Kinder loszulassen, einiges ab. Beim Elternabend gibt's Packlisten, Taschengeldabsprachen, Krankheitsausbruchsängste, Wintereinbruchsbedenken und Wattwanderungsmatschbewältigungstipps. Auf WhatsApp folgen Wettervorhersagen, kurzfristige Abfahrtszeitänderungen und wichtige Bekanntgaben wie: „Es gibt Globuli gegen Heimweh!" inklusive Rückfrage: „Für die Kinder oder die Eltern?"

Am Abreisetag klingelt der Wecker zu nachtschlafender Zeit. Wenige Minuten später meldet sich der Papa von der Dienstreise als persönliche Absicherung gegen Verschlafen. Aufgeregt hüpfend erwartet das verreisende Kind die liebe Nachbarin, die den kleinen Bruder hütet, damit ich die Abreise miterleben kann. Im Gewühl zwischen Koffern, Regenschirmen und durcheinanderplappernden Stimmen („Eltern dürfen nicht in den Bus!" – „Der Süßigkeitenvorrat reicht ja für fünf Wochen!") gibt's einen Abschiedskuss und, als der Bus sich endlich in Bewegung setzt, Turbowinken neben plattgedrückten Nasen und vor Aufregung geröteten Wangen.

Zwei Stunden später ist der kleine Bruder im Kindergarten abgeliefert und ich kann einen Moment innehalten, um mit den Gefühlen nachzukommen. So groß ist unsere Erstgeborene nun schon. Ganze fünf Tage wird sie mit netten Lehrerinnen und ihrer Klasse ganz ohne Eltern ganz viel erleben: Wellenbad, Radtour, Wattwanderung, Krabbenkutterfahrt inklusive Krabben puhlen, Sandburgenwettbauen und als Krönung des Ganzen – bei den Schülern erfahrungsgemäß am heißesten geliebt – dürfen die Kinder in kleinen Gruppen ohne Lehrer das Inseldorf erkunden. So leicht wie ich erwartet hatte, fällt mir das Loslassen gar nicht. Ich bin sicher, unsere Tochter packt das. Aber ich würde auch gern einmal täglich mit ihr telefonieren, um erzählt zu bekommen, was sie erlebt. Doch das ist aus verständlichen Heimweh-Prophylaxe-Gründen nicht erwünscht. Wir werden per Telefonkette informiert, wenn die Kinder am Ziel der Reise angekommen sind, ansonsten gilt: Wenn wir nichts hören, geht's allen gut.

Ich schreibe Gedanken und Gefühle ins Tagebuch. Darüber komme ich mit Gott ins Gespräch. Wie gut tut mir die Gewissheit: Er hält uns alle in der Hand, unsere Tochter, die jetzt mit ihren Klassenkameradinnen aufgeregt im Bus schnattert, unseren Sohn, der mit seinen „Kollegen" im Kindergarten spielt, meinen Mann, der auf Dienstreise eine Menge Kilometer zu bewältigen hat und mich, die ich zu Hause den „Laden zusammenhalte". Halb schreibend, halb in Gedanken sage ich Gott alle meine Sorgen und Gefühle, vertraue ihm meine Bitten und Anliegen an. Ich habe keine telefonische Verbindung zu unserer Tochter, ich habe ihr keine versteckten Mitteilungen in den Koffer geschmuggelt, aber ich kann mit dem Herzen ganz nah bei ihr sein, indem ich sie dem himmlischen Vater anvertraue. Das tut richtig gut – ganz ohne Rezept und Globuli.

Fünf Tage später kann ich die Freudentränen kaum unterdrücken, als der Bus wieder an die Haltestelle vor der Schule rollt. „Wie groß sie ist" ist mein erster Gedanke. Sie muss in der fri-

schen Nordseeluft gewachsen sein. Glücklich
schließen wir uns in die Arme. Unsere Tochter
berichtet begeistert. Und ich finde, mit Gottes
Hilfe habe ich mich in der elterlichen Loslass-
lektion ganz gut geschlagen.

Vom Wackeln und Wachsen

In gerade mal zehn Minuten lernte unser Sohn
das „Radfahren mit Pedalen" – wie er es in Un-
terscheidung zur Fortbewegung per Laufrad
nannte. Fortan rollte er auf einem superkleinen
und wunderbar leichtgängigen Kinderfahrrad,
mit dem schon die große Schwester erfolgreich
ihre Radlerkarriere begonnen hatte.

Einziger Nachteil des Gefährts: Sein Rahmen
strahlte leuchtend pink. Also wurde es vom
Papa mit einer Piratenfahne „getunt". Der Os-
terhase steuerte eine Piraten-Lenkertasche bei
und schon sprach keiner mehr von einem Mäd-
chenfahrrad. Stolz radelte unser Sohn Tag für
Tag neben mir zum Kindergarten. Nach zwei
Monaten wirkte es fast wie „am Po angewach-
sen", so sicher hatte er sein Rädchen im Griff.

Seine Beine wurden länger, der Sattel hochgestellt, die Art der Fortbewegung immer selbstverständlicher.

Dann bekamen wir von der Familie seines Freundes ein etwas größeres Fahrrad. Farbe: Rot. Rot wie die Feuerwehr. Rot wie Joshuas Lieblingsfarbe. Rot wie seine begeistert leuchtenden Wangen. Ich dachte: Dieses „feuerrote Spielmobil" überwintert im Keller und wird im nächsten Frühjahr hervorgeholt. Da hatte ich die Rechnung ohne den Radfahrer gemacht. Er hüpfte vor Freude um das neue Zweirad herum und überzeugte seinen Papa kunstfertig, es noch Ende Oktober fahrtüchtig zu machen. Also bekam es einen neuen Schlauch und die zugehörige Portion Luft, eine neue Klingel, die allerallerniedrigste Satteleinstellung, die ultimative Piratentasche (Schon mal was von Feuerwehrpiraten gehört?) und die im Wind wehende Fahne.

Am Montagmorgen half ich, das neue Gefährt die Treppe vor unserem Haus hinunterzubefördern. Dann stieg unser Feuerwehrfan auf – und stellte fest: Fahren klappt super mit den größeren Reifen. Nur das Anhalten war nicht so einfach. An der ersten Kreuzung gab es einen Sturz. Mit seinem liebenswerten Sprachholperer „Hat gar nicht wegegetan!" stand er auf und stieg tapfer wieder aufs Rad. Ich war froh, dass ich mein Fahrrad zu Hause stehen gelassen hatte. So konnte ich stets für den Sicherungsgriff an der Schulter bereit sein.

Das Ganze war ein bisschen wie zum zweiten Mal Radfahren lernen. Aufsteigen, absteigen, aus dem Stand lostreten – alles war plötzlich wieder schwieriger, wenn man auf dem Sattel sitzend nur mit gestreckten Zehenspitzen den Boden berühren kann. Aber wenn es rollte, sah es von Anfang an richtig groß und souverän aus. Der Stolz strahlte aus Joshuas Gesicht und gab ihm offensichtlich die Motivation, dranzubleiben und sich das Radeln eine Nummer größer zu erarbeiten. Zwei Wochen später holte ihn schon keine Baumwurzel mehr vom Sattel, als er mit seinem Freund wieder querfeldein mit Tatütata Feuerwehrfahrrad spielte. Er hatte sich die alte oder doch eine neue Sicherheit auf dem größeren Drahtesel erkämpft. Und mir blieb das Staunen über seine Hartnäckigkeit und seine Energie, sich von seinem gesetzten Ziel trotz aller Mühen und Blessuren nicht abbringen zu lassen. Genauso geht Wachstum. So geht Entwicklung, Weiterkommen – nicht nur für kleine Menschen.

Immer wieder begegnen auch mir als Erwachsene Herausforderungen, die ich nicht mit links und schrammenfrei bewältige. Wenn ich beruflich Neues wage, wenn ich ehrenamtlich eine größere Aufgabe übernehme, wenn ich mich an ein neues PC-Programm wage, dann muss ich üben und trainieren, Balance halten, mich nicht entmutigen lassen. Ist nicht das Familienleben selbst so ein ständiges Lernprogramm auch für uns Eltern? Unsere Kinder entwickeln sich weiter und wir müssen unsere Fähigkeiten im Umgang mit ihnen der jeweiligen Phase anpassen: Vom Behüten zum Loslassen, vom Helfen und Versorgen hin zur Unterstützung ihrer Selbstständigkeit, vom Management kleinkindlicher Trotzanfälle hin zur reifen Kommunikation über Gefühle. Dass man zuerst mal ein bisschen wackelig fährt, gehört zur Eingewöhnungszeit in neue Kompetenzen ganz normal dazu. Wir müssen uns eine neue Balance erarbeiten. Es läuft nicht alles von Anfang an rund, es kostet Mühe und Mut, dranzubleiben, nach frustrierenden Erfahrungen nicht aufzugeben. Aber auf der Stelle treten – sei es im Bezug auf Kindererziehung oder mein eigenes Persönlichkeitswachstum – ist keine Option. Wachstum kostet Kraft und Muskelkater, aber es macht glücklich. Es ist das pralle Familienleben für Groß und Klein.

> „Wer immer tut,
> was er schon kann,
> bleibt immer das,
> was er schon ist."
> (Henry Ford)

Was Wespen besser können

Es soll Kinder geben, die beim Einkaufen brav wie Lämmchen neben Mama oder Papa hertrotten. Unsere gehören definitiv nicht dazu.

An einem schwülen Tag im August betrete ich mit unserem Kurzen den Discounter meines Vertrauens. Der Feuerwehrfan meldet an: „Mama, ich geh die Feuerlöscher suchen." Meine Ermahnung folgt auf den Fuß: „Aber nur anschauen – nichts anfassen!" Mit einem „Jaja!" auf den Lippen flitzt er schon um die nächste Ecke. Ein Warenregal später taucht er wieder neben mir auf. „Mama, ich such mal

Eis … Und die Gummibärchen brauchen wir unbedingt! …Vergiss nicht den Schokobällchen-Joghurt … Aber ich hasse Blumenkohl … Haben wir endlich alles? Ich will noch im Garten spielen!" Stöhnend hangelt sich mein Sohn durch das ungeliebte Einkaufen und schlängelt sich an der Kassenschlange vorbei zur Taschen-Einpack-Bank, um die Sonderangebote für nächste Woche zu studieren. Just als ich ihm den Rücken zudrehe und meine PIN in den Zahlautomaten eingebe, registriere ich Weinen und ich weiß ohne hinzusehen: Jetzt hat er sich wirklich wehgetan.

Zwischen seinen Fingern entdecke ich die zerquetschten sterblichen Überreste einer Wespe und drücke ihm das tiefgefrorene „Pfannengemüse asiatische Art" in die Hände. Ins nachlassende Schluchzen seufzt er: „Als ich sie das erste Mal angefasst habe, hat sie nicht gestochen!"

Unzählige Male, seit die Wespensaison begonnen hat, habe ich ihn aufgefordert, von diesen schwarz-gelben Insekten Abstand zu halten. Aber die kindliche Neugier war einfach stärker. Der Lerneffekt vermutlich auch. Manches können Wespen einfach besser vermitteln als mütterliche Ermahnungen. Manches müssen Kinder selbst erfahren. Ohne Frage können sie viel aus den Erfahrungen ihrer Eltern lernen, aber es gibt Fehler, die müssen sie selbst machen. Wir können sie mit allen lieb gemeinten Ermahnungen nicht davor bewahren. Vieles lernen unsere Kinder fürs Leben, indem sie erst mal herausfinden, wie es nicht geht. Ich finde, das sollte uns Eltern eine große Portion Gelassenheit geben.

Wir müssen unsere Kinder nicht in Watte packen, sie nicht gegen jegliche Risiken, die zu aufgeschlagenen Knien oder wieder abheilenden Schwellungen führen könnten, absichern. Wir können unsere Behütungsbemühungen auf wirklich Wichtiges konzentrieren und ansonsten zum Trost und Aufmuntern bereitstehen, wenn sie sich wehgetan haben. Je älter sie werden, desto größer wird die Anzahl der Erlebnisse und Herausforderungen, die wir ihnen gern ersparen würden, bei denen es aber nicht mehr in unserer Macht steht, dies zu tun. Das können Mitschüler sein, die dem Kind das Leben schwer machen, schmerzhaft zerbrechende Freundschaften oder das Fehlen eines wirklich guten Freundes, Misserfolge und frustrierende Zufälle. Dann kommt es darauf an, unseren Kindern den Rücken zu stärken. Sie zu ermutigen und zu trösten, ihnen bei der Suche nach Problemlösungen beizustehen und sie darin zu unterstützen, dass sie an den Aufgaben, die das Leben ihnen stellt, zu starken und innerlich großen Menschen heranwachsen.

Übrigens habe ich selbst Tage später im Gewühl des Alltags versehentlich in eine Wespe gefasst. Der Schmerz war heftiger, als ich ihn mir vorgestellt hatte. Noch Tage später rebellierte mein Finger kribbelnd gegen das Insektengift. Wenn es bei unserem Sohn genauso wehgetan hat, war er echt tapfer.

Vorgartenverwüster und Fußballkiller

An lauen Sommerabenden und mit einem Glas alkoholfreiem Lieblingsweißbier in der Hand kommen mein Mann und ich schon mal ins Erzählen über unsere eigene Kindheit. Über so manches, was unseren Eltern mit Sicherheit graue Haare wachsen ließ, können wir heute herzlich lachen. So kam ich als Kindergartenkind eines Tages auf die nicht nachvollziehbare Idee, bei zwei älteren Damen – gut bekannt mit meinen Eltern und oft auf unserem Bauernhof zupackend im Einsatz – die Blumen aus dem perfekten Vorgarten ihres schmucken Häuschens auszureißen. Ich meine nicht, einen Blumenstrauß pflücken. Nein, ich legte es darauf an, die Pflänzchen samt Wurzeln auszureißen wie Unkraut – die pure Lust an der Zerstörung.

Was mich zu der Tat veranlasste, kann ich heute überhaupt nicht mehr nachvollziehen. Aber ich weiß noch genau, wie das Gesicht der älteren Dame aussah, als sie zum Fenster trat und meine Schandtat entdeckte. „Ihr Mund sieht aus wie ein O", dachte ich im Wegrennen. Auch ihre Drohung, mir mit der Heckenschere meine Ohren abzuschneiden, wenn ich jemals wieder in die Nähe ihrer Blumenbeete käme, brannte sich in mein Gedächtnis. Monatelang machte ich – besonders wenn das Stutzen der Hecken angesagt war – einen Riesenbogen um das Grundstück. Es muss ziemlich peinlich für meine Eltern gewesen sein, den beiden um einen perfekten Garten bemühten Damen das nächste Mal zu begegnen.

Der Mann, den ich liebe, hatte keine bravere Kindheit. Da gab es eine ältere Nachbarin, die sich stets über Fußball spielende Jungs ärgerte. Auf die Palme brachte es sie, wenn der Ball es wagte, in ihren Vorgarten zu fliegen. Einmal stürmte sie bei dieser Gelegenheit aus dem Haus und stach den runden Spielgegenstand kurzerhand mit einem langen Küchenmesser ab. Die um ihren Spaß geprellten Jungs ließen es sich nicht nehmen, Rache zu üben. Zu diesem Zweck schickten sie den dreijährigen Bruder zur Haustür der ungeliebten Nachbarin. Er klingelte und als die nichtsahnende Frau ihre Tür öffnete, zog er eine freche Grimasse und streckte die Zunge raus. Die großen Jungs in ihrem Versteck lachten sich bei dem Anblick schlapp, während die Nachbarin entrüstet loszog, um sich bei den Eltern des Dreikäsehochs zu beschweren.

Heute stehe ich aufseiten der Erwachsenen, wenn eines unserer Kinder Schränke vollmalt oder Wände beschmiert. Wenn die sorgsam gehegte Klematis der Nachbarin dran glauben muss, weil unsere Tochter die Erde gerade mal zum Auffüllen ihrer Aqua-Play-Flussläufe gebraucht hat. Oder wenn ich peinlich berührt die Mutter eines Freundebuch-Besitzers anrufen muss, weil ein Künstler in unserem Haus in einer Aufwallung kreativer Freiheit das ganze

Buch samt allen Einträgen mit schwarzem Filzstift vollgeschmiert hat. Was soll ich sagen? Wir waren auch nicht besser – und aus uns ist trotzdem was geworden.

Ja, zu einem glücklichen Familienleben gehören solche Alltagsärgernisse und Peinlichkeiten. Sollte uns Eltern im akuten Fall hier und da die Gelassenheit abhandenkommen, ist es empfehlenswert, einfach mal in Gedanken zwanzig Jahre in die Zukunft zu reisen. Wenn Gott will und wir dann noch gemeinsam auf der Terrasse sitzen, lachen wir bestimmt nicht nur über die Schandtaten aus unserer eigenen Kindheit, sondern auch über die unserer Kinder. Und wir werden dann hoffentlich feststellen: Es ist trotzdem was aus ihnen geworden.

Workout für Mütterspannkraft

Ich bewege mich gern – am liebsten in der freien Natur beim Nordic Walking. Auch wenn ich dann schon mal als „Stockente" belächelt werde. Flotte Aerobic-Rhythmen in der Sporthalle haben es mir ebenfalls angetan.

Noch lieber ist mir Pilates. Unsere Übungsleiterin leitet das Training hervorragend an und kontrolliert nebenbei, ob wir die Übungen so machen, wie sie dem ganzen Körper samt Gelenken auch wirklich guttun. Mit ihrer ganz eigenen motivierenden Ausstrahlung bringt sie es fertig, dass wir in den Schmerz hineinatmen, statt kurzerhand aufzugeben. Am besten ist das Gefühl nach der Pilates-Stunde. Ich spüre, dass ich etwas getan habe, und gleichzeitig fühle ich mich aufgerichtet und lebendig, als wären alle Muskeln in meinem Körper aus dem Winterschlaf geweckt worden.

An einem Donnerstag zwischen dem zweiten und dritten Advent wollte ich mich gegen meinen „inneren Schweinehund" – nach einem Nachmittag voller Küche, Wäsche, Hausaufgabenhilfe, Mama-Taxi und dem Versuch, ein paar Sonnenstrahlen bei einem kurzen Spielplatzbesuch zu erhaschen – aufraffen, zu Pilates zu gehen. Doch es kam anders. Man könnte sagen, es kamen nicht unangekündigte, aber unerwünschte Besucher. Über ihr eventuelles Erscheinen waren wir per Elternbrief aus der Grundschule informiert worden. Ich meine possierliche Tierchen mit „L" wie lästig, aber nicht lebensbedrohlich. Also plante ich mir zwischen Annas Flötenunterricht und meinem Pilates eine halbe Stunde ein, um lange nasse Mädchenhaare sicherheitshalber Strähne für Strähne mit dem Nissenkamm zu durchforsten und anschließend den Entwarnungsabschnitt unterschriebe mit in die Schule zu geben.

Aber daraus wurde nichts. Beim zehnten Streich zappelte es am orangenen Kamm. Ich rief den Mann, den ich liebe, mit Lupe und Taschenlampe dazu. Da sahen wir ein bilderbuchmäßiges Exemplar vor uns auf dem Badschränkchen sein Workout machen. Meines war für diesen Abend passé. Für mich hieß es: einmal tief durchatmen, Tochter trösten, dem aufgeregten kleinen Bruder erklären, warum wir auch seine Haare durchforsten, den Kinderarzt noch schnell vor Toresschluss anrufen: „Kann ich gleich ein Rezept abholen?"

Auf der Fahrt zwischen Arztpraxis und Apotheke türmten sich vor meinem inneren Auge Wäscheberge und tummelten sich Kuscheltiere in Plastiktüten-Quarantäne. (Warum müssen davon eigentlich dreißig Stück im Bett liegen?) Wieder zu Hause überstanden wir gemeinsam die ölige Haarbehandlung. Stunden später falle ich auch ohne Workout geschafft aufs Sofa. Bis zu diesem Tag war jeder Läuse-Alarm im Kindergarten oder Schule gnädig an uns vorbeigegangen. Dieses Mal hat es uns erwischt. Und wir haben es gepackt – obwohl die Woche keine weiteren Ärgernisse gebraucht hätte, um voll zu sein. Das macht müde, aber irgendwie auch stark und gewappnet gegen die nächsten Stolpersteine und Zeitfresser, die bestimmt nicht lange auf sich warten lassen.

Eine Frage allerdings bleibt mir: Wozu nur wurden diese Tierchen überhaupt geschaffen? Vielleicht ja als ganz spezielles Workout für Mütterspannkraft.

Feuerwehr statt Seeräuber

Der nächste Kindergeburtstag wirft seine Schatten voraus. „Ich will einen Piratengeburtstag feiern – mit Schatzsuche wie Leon!", verkündet unser vier und elf Zwölftel Jahre alter Sohn. Der Mann, den ich liebe, schaut mich alarmiert an. Ich übernehme und erkläre unserem großen Kleinen: „Papa und ich haben uns schon was anderes ausgedacht. Wir veranstalten für dich und deine Freunde einen Feuerwehrkindergeburtstag! Wir haben uns tolle Spiele überlegt und so was Ähnliches wie eine Schatzsuche draußen gibt es auch. Lass dich mal überraschen." Seine Antwort fällt gelinde gesagt „unbegeistert" aus.

Während er sauer in sein Zimmer stapft, kommen wir als Eltern kurz ins Zweifeln, ob wir unsere Pläne umwerfen sollen. Wir entscheiden uns, fest zu bleiben, weil Joshuas Liebe zu allem, was mit Feuerwehr zu tun hat, seit Monaten nicht kleinzukriegen ist. Und siehe da: Nach dem nächsten Playmobil-Feuerwehr-Großeinsatz im Flur erklärt auch das zukünftige Geburtstagskind sein Einverständnis mit unseren Partyplänen.

Als der große Tag naht, hat die Vorfreude längst die Oberhand gewonnen. Mit Matschhosen und Gummistiefeln für den Außeneinsatz gewappnet rücken die Freunde an. Das Bereitstellen der Wassertropfen von oben übernimmt leider das Wetter. Aber wir lassen uns den Spaß nicht verderben. Erst einmal stärken sich die fünf Helden, bevor es in wasserabweisender Montur zum Einsatz geht. Wie echte Feuerwehrmänner flutschen sie die Rutschstange auf dem Spielplatz runter. Ein Keller muss ausgepumpt werden – will heißen: Sie müssen staffelartig Wasser von einem Eimer mit kleinen Bechern in einen anderen Eimer transportieren. Dann schreit eine Puppe auf dem (in der Fantasie) brennenden Klettergerüst. Also muss ein mutiger Retter nach oben, während die anderen das Sprungtuch für die zu Rettende bereithalten. Auch mit verbundenen Augen (weil vor lauter Rauch im brennenden Haus nichts mehr zu sehen ist) nach dem schreienden Puppenkind zu tasten, meistert einer nach dem anderen bravourös. Schließlich wird die Puppe im Krankentragetuch eifrig als Gemeinschaftsleistung zurück zum Ausgangsort getragen, wo dann noch die Löschung von Kerzen mittels Spielfeuerlöscher ansteht.

Zurück in der „Einsatzzentrale Wohnzimmer" folgt nach dem Wechseln der Kleidung als Krönung die Verleihung des Titels „Brandmeister" an die stolzen Jungs samt dazugehörigem Ausweis und Applaus. Vor den Hotdogs ist noch Zeit, das Erlebte mit dem ganzen „Löschzug an Spielfahrzeugen" im Kinderzimmer nachzubearbeiten.

Als das Fest vorbei ist, strahlt der Geburtstags-Brandmeister über sein frisch fünfjähriges Gesicht: „Das war sooo schön! Feiern wir jetzt immer Feuerwehrkindergeburtstag?" Sein Glück macht auch uns froh und lässt allen Vorbereitungs- und Aufräumstress vergessen. Und es bestätigt uns, dass Eltern den Mut haben dürfen, so manche Entscheidungen für ihre Kinder zu treffen, statt sich in allen Einzelheiten nach dem kindlichen Willen zu richten.

Regula Lehmann, vierfache Mutter und Elterncoach, formuliert sehr treffend: „Erziehung, die alles offen lässt, gibt keinen Halt."[7] Selbstredend sollen Kinder Eigenständigkeit lernen und fähig werden, je älter je mehr selbst gute Entscheidungen zu treffen. Das heißt aber nicht, dass Eltern sich zum Sklaven des Willens ihrer Kinder machen sollten. Oft tut gerade die klare Entscheidung von Erwachsenen einem Kind gut, auch wenn es sich zunächst daran reibt. Eltern dürfen Grenzen setzen, Regeln aufstellen und – ja! – auch mal Vorgaben machen, wenn es um Freizeitgestaltung geht. Möglicherweise machen sie sich damit bei ihrem Nachwuchs vorübergehend unbeliebt. Aber sie geben ihren Kindern mehr Halt für deren wachsende Selbstständigkeit, als wenn sie wachsweich allen Wünschen und Launen nachgeben.

Schließlich denke ich mir: Gott als himmlischer Vater macht es mit mir genauso. Es gibt so vieles, das ich mir anders ausgesucht hätte, aber Gott hat einen viel größeren Überblick über mein Leben. Er mutet mir Herausforderungen zu, weil er mich wachsen lassen will. Er erfüllt nicht alle Wünsche, aber er macht mein Leben sinn- und wertvoll. Und er lädt uns ein, mit allem, was unser Leben ausmacht, seine Nähe zu suchen.

Wahre Größe

Heute ist die Fotografin im Kindergarten. Ich hole einen vielfach abgelichteten und dementsprechend hibbeligen Jungen vom Kindergarten ab. Er hatte eindeutig zu wenig Auslauf heute. „Mama, weißt du wie ein Schneidersitz geht? Ich kann dir's zeigen!", bietet er an und verknotet seine Beine. „So mussten wir gaaaanz lange sitzen, als die Frau mit dem Fotoapparat in unserer Gruppe war."

Irgendwie bringen wir das zappelige Mittagessen hinter uns. Danach reicht es für einen kurzen Espresso. Kurz nach 14 Uhr befinde ich mich schon wieder in der Kita, diesmal mit beiden Kindern. Geschwisterfotos stehen an. Da die Fotografin in der Disziplin Zeitplanung nicht ganz so fit ist wie beim Herstellen fröhlicher Fotos, warten wir längere Zeit im Flur. Das reduziert die Hibbeligkeit nicht gerade. Endlich geht's los. Meine beiden Hübschen werden samt den mitgebrachten Kuscheltieren und einem Tuch als Unterlage auf dem Fußboden drapiert. Die Fotografin führt Regie: „So hier setzt sich die große Schwester hin – und da der kleine Bruder."

„Nein, ich bin nicht klein!"

Sie korrigiert: „Natürlich bist du schon ein großes Kindergartenkind, aber du bist kleiner als deine Schwester."

Der Angesprochene kontert: „Aber ich bin größer als Karli (sein jüngerer Cousin)! Ich bin nicht klein!"

Mit Vehemenz bringt er es vor und duldet keine Widerrede. Ich muss selbst schmunzeln, während ich hinter der Kamera versuche, die Kinder mit Faxen zum Lachen zu bringen.

Als ich die Szene später in Gedanken noch einmal durchgehe, beschließe ich: Das kann ich von meinem Sohn lernen. Wie oft begegnen mir

Umstände oder sogar Menschen, die das Zeug dazu hätten, mich runterzuziehen und kleinzumachen. Ich denke da an gewisse Bewerbungserfahrungen, die nicht nur ich, sondern auch andere Mütter beim angestrebten Wiedereinstieg in den Beruf machen. So manche Antwort oder Nichtreaktion kann empfindlich am Selbstwertgefühl kratzen und das Gefühl auslösen, klein und irgendwie unbedeutend zu sein.

Gott sieht das ganz anders. In seinen Augen bin ich wertvoll. Ich muss mich nicht beweisen, ich muss nicht mit anderen konkurrieren, ich brauche niemanden auszustechen, ich muss keinem fragwürdigen Ideal entsprechen, sondern ich darf fröhlich ich selbst sein. Ich bin geliebt und „groß" in seinen Augen, weil er mich achtet und meinem Leben Würde verleiht. Diese Wahrheit vom Schöpfer allen Lebens will ich allen Angriffen auf meinen Selbstwert entgegensetzen.

Gott hat mich in die Welt gesetzt, weil er etwas vorhat mit mir. Er hat mich an diesen Platz auf der Welt gestellt, mir gerade diese Familie anvertraut, weil dieses Stück Leben kein anderer so leben kann wie ich. Zu dieser inneren Größe in Gottes Augen will ich stehen und hineinwachsen in seine guten Pläne mit meinem Leben. Last but not least will ich diese vom Schöpfer verliehene Würde und Größe in all meinen Mitmenschen lernen zu sehen.

„Meckeralarm"

Meckeralarm – der ist in einer lebhaften und extrovertierten Familie wie der unseren gar nicht so selten. Gäbe es eine rote Warnlampe, die ihn anzeigt, würde sie in unserem Alltag wohl ziemlich oft blinken. Zum Beispiel, wenn unser „Held in Strumpfhosen" aus dem Kindergarten nach Hause kommt. Dann ist er müde und erschöpft und dementsprechend schlecht gelaunt. Oder wenn mal wieder keine Freundin unserer Tochter Zeit zum Treffen hat. Oder wenn die Hausaufgaben doof sind. Oder wenn das Miteinander im Schulalltag angespannt und stressig war.

Aber manchmal – das muss ich ehrlicherweise zugeben – sind nicht die Kinder Urheber des „Meckeralarms". Es gibt Tage, da nervt mich alles. Da komme ich überhaupt nicht zu mir selbst. Da geht mir jegliches Kindergeräusch auf den Keks. Schreibblockaden und Missgeschicke stoßen mich in Selbstzweifel und machen mich entsprechend ungenießbar.

Gerade neulich war ein solcher „imaginäre-rote-Warnlampe-blinkt-doppelt-so-schnell"-Tag. Aber ich habe es schafft, mich selbst aus der Vogelperspektive zu betrachten. Und ich musste mir eingestehen: Das, was mich so ungehalten machte, hatte rein gar nichts mit den Kindern zu tun. Es war ein dicker Brocken, der mich unterschwellig belastet und den ganzen Alltag schwergängig machte. Ich konnte diese Last nicht beseitigen, sie aber auch nicht ignorieren. Es war die Sorte „Sturm", durch die ich durch muss, die einfach zum Leben gehört und der ich nicht davonlaufen kann. Während unsere Kinder Mittagspause machten, gelang es mir, mich per Tagebuch zu sortieren, mir einen Teil meiner Verletzungen und Ängste von der Seele zu schreiben. Dann griff ich zu einer Lieblingslektüre. Dort fand ich eine Mediation zur Leidensgeschichte Jesu:

„In allem Verkannt-Werden birgt sich Jesus in die Liebe seines Vaters.

Auch wir können in Widerwärtigkeiten nur

getrost bleiben, wenn wir ein Ja dazu finden und uns in seine Liebe einhüllen.

Andernfalls reiben wir uns wund."[8]

Mit dem Wundreiben hatte ich so meine Erfahrungen. Es kann meine Kraft erschöpfen und das Miteinander unglaublich zäh machen. In die Liebe einhüllen – das traf mich ins Herz. So wie unser Sohn sich gern in eine Wolldecke einwickelt, um St. Martin zu spielen, oder Räuber Hotzenplotz. Aber nicht nur zum Spiel, sondern in echt! Gottes Liebe gilt mir wirklich. Gerade dann, wenn ich sie am wenigsten verdient habe. Gerade dann, wenn ich unausstehlich bin.

Getrost bleiben – das heißt nicht, vor Widerwärtigkeiten und Schmerzen bewahrt werden, sondern *in* ihnen Gottes Trost und Liebe erfahren. Dieser Zuspruch bekam es plötzlich mit mir zu tun. Ich kann nicht behaupten, dass danach alles leichter gewesen wäre. Aber ich fühlte mich aufgehoben und angenommen. Und das ist schon viel. Es ist etwas zutiefst Kostbares, was wir Eltern, wenn wir es selbst erfahren, auch unseren Kindern in Kratzbürsten-Zeiten geben können: „Liebe mich dann, wenn ich es am wenigsten verdient habe, denn dann brauche ich es am meisten."[9]

Gute Enttäuschung

Schwarz-weiß und glänzend schmückt es unser Wohnzimmer: mein Lieblingsinstrument. Erst als Erwachsene habe ich angefangen, darauf zu spielen. In der „Rushhour" des Lebens zwischen Beruf, Gemeinde, berufsbegleitendem Studium und Mama werden, habe ich es nicht mehr geschafft, dranzubleiben. Macht nichts, dachte ich, die Anschaffung lohnt sich bestimmt später noch für die Kinder. Klavier ist ein Instrument, bei dem kleine Anfänger nicht so viel Ausdauer und Frustrationstoleranz aufbringen müssen wie z. B. bei Violine. Es klingt einfach schneller „nach was".

Wie geschaffen für unsere ungeduldige Temperamentbündel-Tochter, dachten wir. Als sie in der ersten Klasse war, erfuhren wir, dass die viel gefragte Klavierlehrerin eines Nachbarkindes unerwartet Kapazitäten frei hat. Die Gelegenheit ließen wir uns nicht entgehen und unterschrieben den ersten Musikunterrichtsvertrag für unsere Tochter.

Es begann fröhlich mit schnellen Erfolgserlebnissen. Schmunzelnd erinnere ich mich an ihr allererstes Vorspiel in einem großen hellen Saal. Im luftigen Sommerkleid saß sie mit baumelnden Sandalen-Füßen auf dem Klavierhocker vor einem Steinway-Flügel und klimperte unbeschwert „Die Bootsfahrt". Ihre strahlende Verneigung vor dem Publikum markierte auch schon den vorläufigen Höhepunkt ihrer Pianisten-Karriere.

Über die Monate wurde das Üben immer mehr zur Herausforderung für meine Überredungskünste. Der Funke sprang irgendwie nicht über. Alles Spielen war zäh und der Spaß schmolz dahin. Die Schwangerschaftspause der Klavierlehrerin wurde zum Schlusspunkt. Weil ich Klavier so sehr mag, war ich persönlich enttäuscht.

Aber es nützte nichts. Letzen Endes kam es darauf an, für unser durchaus musikalisches Mädchen ein Instrument zu finden, das zu ihr passt. Da hörten wir von einer Flötenlehrerin, die schon einigen Kindern in unserem Bekanntenkreis erfolgreich musikalische Kenntnisse vermittelt hatte. Bald lernten wir die erfahrene, warmherzige Musikerin im Oma-Alter kennen. Und siehe da – von der ersten Flötenstunde an war das Üben zu Hause kein Problem. Es lief zwischen Lehrerin und Nachwuchsflötistin so rund, dass die Lust zum Üben höchstens mal den Anschub elterlicher Erinnerung brauchte. Eigentlich lief es ganz von selbst. Erfolgserlebnisse ließen nicht lange auf sich warten. Inzwischen spielt Anna nicht nur Sopran-, sondern auch Altflöte und das nicht nur allein, sondern am liebsten dreistimmig mit zwei Freundinnen, die ebenfalls die Qualitäten der begabten Flötenlehrerin zu schätzen wissen.

Wenn ich ehrlich bin, fiel mir als Mama der Instrumentenumstieg anfangs nicht leicht. Ich liebe Klaviermusik und hatte mich schon darauf gefreut, immer mehr davon genießen zu können. Aber an der immer noch wachsenden Freude unserer Tochter spüre ich: Flöte ist genau das richtige Instrument für sie. Und darauf kommt es bei aller musikalischen Betätigung von Kindern schließlich an.

So wie Kinder üben müssen, bevor sie zu Könnern werden, so müssen wir Eltern üben, Enttäuschungen als positives Ende einer Täuschung zu begreifen, und unsere Kinder aus Erwartungen entlassen, die ihrem Wesen nicht entsprechen. Das kann richtig wehtun: Wenn das Kind von Akademikern einfach nicht aufs Gymnasium passt, sondern auf einer kreativ und sportlich viel breiter aufgestellten Gesamtschule viel besser aufgehoben ist. Wenn ausgerechnet das Kind von Pädagogen Verhaltensauffälligkeiten zeigt. Oder wenn der Sohn eines Boxers lieber Balletttänzer werden will.

Kinder haben zwar unsere Erbanlagen, sie entsprechen aber deshalb noch lange nicht all unseren Erwartungen. Und sie müssen es auch nicht. Unsere Aufgabe ist es, sie darin zu begleiten, ihren ureigenen Weg zu finden. Das Geheimnis besteht darin, dass jeder junge (und ältere) Mensch seinen Platz findet, sein Musikinstrument, seine Schulform, seine Sportart, seinen Beruf, seine Art zu leben, die zu seinen Begabungen und seiner Persönlichkeit passt.

Vor einiger Zeit genoss ich bei einem Konzert der Kammerphilharmonie ein Flötenkonzert von Mozart, das eine junge Musikerin ergreifend spielte. Dieser Ohrenschmaus war für mich ein ganz persönlicher Händedruck von Gott und brachte meine Vorliebe für Klavier tüchtig ins Wanken. Vor Weihnachten gab es noch ein ganz persönliches Highlight obendrauf. Während eines Besuchs beim pflegebedürftigen Opa ließen Annas Flötenmelodien die Augen des Großvaters feucht werden. Als er in die altbekannten Lieder mit einstimmte, mochte unsere Tochter gar nicht mehr aufhören zu spielen. Noch auf der Rückfahrt war sie voller Glück und Ideen, wem sie noch alles vorspielen könnte.

Nichts für Feiglinge

Mein Erstlingswerk als Autorin war fast fertig. Eigentlich wollte ich es ja vor der Entbindung von unserem zweiten Kind „in trockenen Tüchern" haben. Aber es war zu viel dazwischengekommen. Mir blieben die ersten Baby-Wochen. Die wiederum waren ausgefüllt mit Krankheiten der großen Schwester, überbordender Terminfülle des Papas und nachtstörungsbedingter Müdigkeit meinerseits. Zum Schluss lief alles auf die letzten 24 Stunden vor dem Abgabetermin hinaus. Was kein Zeitdruck im Studium oder in trubeliger Gemeindearbeit geschafft hat, das kam durch unsere beiden wunderbaren Kinder in mein Leben: Ich legte die erste Nachtschicht am Schreibtisch ein.

Seufzend fand ich mich damit ab. Das Baby betteten wir wie gewohnt im Elternschlafzimmer zur Nachtruhe. Unsere Tochter schlummerte schon. Nun sollte ich 3 bis 4 Stunden ungestörte Arbeitszeit haben – gepaart mit dem Adrenalin des Zeitdrucks würde das schon reichen. Nach ungefähr einer Stunde ruhigen Arbeitens hörte ich ein Würgen aus dem Kinderzimmer. Weinen kam dazu, während ich mich vom Schreibtisch in Richtung des Geräusches bewegte. Unsere Tochter saß im Bett und hatte noch viel mehr als Trost nötig. Bettwäsche abziehen, Haare waschen, einen frischen Schlafanzug anziehen – wir Eltern hatten alle Hände voll zu tun. Mit dem leisen Rotieren der Waschmaschinentrommel im Ohr begab ich mich zurück an den Schreibtisch. Eine halbe Stunde später schreckten mich erneut Brechgeräusche auf. Diesmal waren wenigstens die Haare verschont geblieben, die wir vorsichtshalber zu einem Pferdeschwanz gebündelt hatten. Der Mann, den ich liebe, beschloss, sein Nachtlager neben dem Kinderkrankenbett auf der Matratze aufzuschlagen, um im Notfalltempo bei ersten Würgeanzeichen die Spuckschüssel bereithalten zu können. Das funktionierte und kam noch fünf- bis sechsmal während der Nacht zum Einsatz.

Noch tiefer seufzend machte ich mich zum dritten Mal an die Arbeit. Keine dreißig Minuten später klang unverkennbar Säuglingsweinen an mein Ohr. Das darf doch nicht wahr sein, war mein erster Gedanke. Normalerweise schlief unser Jüngster schon bis in die Morgenstunden durch. Aber bei so viel Action im Kinderzimmer, Dusch- und Waschmaschinengeräuschen war es auch wieder kein Wunder. Also saß ich wenig später statt an der Computertastatur im Stillsessel, um unser Kleines satt und zum Einschlafen zu kriegen. Im Hintergrund vernahm ich den Einsatz der Spuckschüssel im Kinderzimmer. Die ganze Situation hatte leicht kabarettistische Züge – wäre sie nur nicht so stressig gewesen. Irgendwie habe ich es noch vor Ende der Nacht geschafft, mein überarbeitetes Manuskript an den Verlag zu mailen. Am nächsten Morgen startete der Mann, den ich liebe, zu einer zweitägigen Dienstreise, die mit einer 500-Kilometer-Fahrt verbunden war. Bei mir brach am Abend der Magen-Darm-Virus aus. Wie durch ein Wunder habe ich es geschafft, mich über die Runden zu schleppen und die Kinder bis zur Rückkehr des Papas zu versorgen, der Gott sei Dank von Brechanfällen verschont blieb.

Beruflich habe ich zurzeit mit jungen Menschen an der Schwelle zum Berufsleben zu tun.

Da kann einem hin und wieder die Vorstellung begegnen: „Arbeiten gehen ist mir zu anstrengend – lieber will ich heiraten und bald Kinder kriegen." Dann erzähle ich gern, wie Familie wirklich ist: unvergleichlich schön, aber auch unvergleichlich fordernder als alle beruflichen Aufgaben, die ich je hatte, und das sind nicht wenige.

Familie ist nichts für Feiglinge. Und erst recht nichts für Drückeberger. Kinder fordern uns. Sie fügen unserem sowieso schon strapazierenden Leben noch eine ganze Dimension an Herausforderung hinzu. Ich muss nicht mehr nur meine Zeit gut einteilen, mit meinen Möglichkeiten haushalten, sondern auch noch die Unplanbarkeit von Kinderbedürfnissen im Blick behalten, Zeit für sie haben, wenn sie es brauchen, und nicht, wenn es in mein Terminsystem passt.

Aber Kinder bereichern unser Leben auch mit einer zusätzlichen Dimension Glück. Ich würde sie nicht für unzählige durchschlafene Nächte hergeben. Ich bin der Meinung: Jede Mama und jeder Papa, die abends erschöpft sind, sollten sich nicht fragen: Was habe ich heute eigentlich gemacht? Stattdessen dürfen sie sich selbst sagen: Ich habe mich an der wunderbaren und absolut lohnenswerten Berufung abgearbeitet, Kinder ins Leben zu begleiten. Diese unvergleichliche Aufgabe ist jeder Mühe wert.

Anmerkungen

[1] Naegeli, Sabine: *Du hast mein Dunkel geteilt. Gebete an unerträglichen Tagen.* Freiburg: Herder, 1984, S. 36.

[2] Zitiert nach http://www.predigtpreis.de/predigtdatenbank/predigt/article/morgenandacht.html; 08.10.2014.

[3] Guardini, Romano: *Lesebuch der Lebensweisheit,* Kevelaer: Verlagsgemeinschaft topos plus, 2013, S. 11.

[4] Zitiert nach Ulrich Eggers (Hrsg.): *Gelassen durch den Tag.* Wuppertal: Brockhaus, 2. Auflage 2001.

[5] *Feiert Jesus 4,* Holzgerlingen: SCM Hänssler, 2011, Nr. 140.

[6] Bergström, Lena: *Mittendrin von Gott berührt.* Wuppertal: Brockhaus, 2004, S. 61.

[7] Lehmann, Regula: *Der Eltern-Aufsteller,* Basel: Brunnen, 2013, Aufsteller Nr. 19.

[8] Hümmer, Hanna und Walter: *Leise und ganz nah* – Jahreslesebuch. Selbitz: 2009 Selbitz: Buch-Kunst-Verlag Christusbruderschaft Selbitz, S. 106.

[9] Lehmann, Regula: *Eltern-Aufsteller,* a.a.O., Aufsteller Nr. 48.

Joachim E. Lask

PEP4Kids - überarbeitet

Das Positive ErziehungsProgramm für Eltern
mit Kindern zwischen 2 und 12

176 Seiten, kartoniert
ISBN Buch 978-3-7655-3370-9
ISBN E-Book 978-3-7655-7364-4

Das Positive ErziehungsProgramm für Eltern
mit Kindern zwischen 2 und 12 hilft Ihnen, die
Herausforderungen in der Erziehung zu meis-
tern. Entdecken Sie Ihr Potenzial als verläss-
liches Gegenüber Ihrer Kinder.

Kurz, prägnant, umsetzbar. Das besondere
Profil von PEP:

- PEP macht Eltern Mut, sich den Herausforderungen der Erziehungsaufgabe zu stellen.
- PEP gibt der Beziehung zwischen Eltern
  und Kindern Vorrang vor Erziehungs-
  methoden und Verhaltensdrill.
- PEP fasst anerkannte pädagogische und
  psychologische Einsichten zusammen und

bringt sie für einen praktikablen Erziehungsalltag auf den Punkt.

- PEP zeigt Eltern Wege aus ihrer oftmals empfundenen Hilflosigkeit.
- PEP leitet durch Übungen dazu an, die Initiative im Familienalltag zurückzugewinnen.
- PEP spricht besonders Fragen nach Sinn, Werten und Glaubensorientierung an.
- PEP macht Erziehende und Kinder bzw. Jugendliche zu Partnern, die gemeinsam Ziele formulieren und konkret angehen.

BRUNNEN VERLAG GIESSEN
www.brunnen-verlag.de

Kleine Auszeiten
für Mamas

Ein Malbuch

64 Seiten, flexibler Einband
ISBN 978-3-7655-3094-4

Kinder sind ein wunderbares Geschenk – und gleichzeitig eine große Herausforderung. Deshalb ist es umso wichtiger, sich immer wieder kleine Auszeiten vom anspruchsvollen Mama-Alltag mit seinen Anforderungen zu gönnen.

Beim Ausmalen der liebevoll gestalteten Motive in diesem Buch können Sie entspannen, zur Ruhe kommen und neue Kraft schöpfen für die wertvolle gemeinsame Zeit mit ihrem Baby. Viel Freude beim kreativen Kolorieren und Gestalten Ihres individuellen Mama-Buches.

BRUNNEN VERLAG GIESSEN
www.brunnen-verlag.de

Tracey Corderoy
Alison Edgson

**Wann kommst du
wieder, Mama?**

32 Seiten, gebunden, farbig, ab 3 Jahren
ISBN 978-3-7655-6983-8

Die kleine Maus Anton muss stark sein: Heute ist seine Mama zum ersten Mal den ganzen Tag weg. Deshalb wird Oma auf ihn aufpassen. Aber Anton vermisst seine Mama natürlich sehr. Nicht einmal sein schönes Dinokostüm und sein Lieblingsspielzeug bei Oma können ihn trösten. Wie gut, dass Oma weiß, womit sie Anton auf andere Gedanken bringen kann …

Ein tröstliches Buch für kleine und große Leute mit Trennungsschmerz.

BRUNNEN VERLAG GIESSEN
www.brunnen-verlag.de

Rüdiger Jope

Kleine Wolkenschieber

Alltagsglücksgeschichten

128 Seiten, gebunden
ISBN Buch 978-3-7655-0927-8
ISBN E-Book 978-3-7655-7397-2

„Unsere Kinder haben die Gabe, Menschen, denen sie begegnen, mit Freudenanfällen zu übersprudeln: die Kollegen, die Verkäuferin, der Bademeister, der Tankwart … und auch uns. Sie sind wahrhafte Meister darin, die Regenwolken vom Stimmungshimmel wegzuschieben und aus einem grauen einen sonnenbeschienenen Tag zu machen."

35-mal erzählt Rüdiger Jope von kleinen Alltagsbegebenheiten, in denen sich Glaube, Hoffnung und Liebe entdecken lassen – und die Kunst, mithilfe der Gabe des Humors so manche Lebensklippe zu umschiffen.

BRUNNEN VERLAG GIESSEN
www.brunnen-verlag.de

Hat Ihnen dieses Buch gefallen?
Schreiben Sie's uns auf www.brunnen-verlag.de
Ihre Meinung zählt!